Glück
65 x

„Wenn ein Kind lacht,
dann lacht die ganze Welt"
-Janusz Korczak-

Liebe Leserinnen und Leser,
in diesem Buch werden Ihnen unzählige Glücksmomente begegnen, die Kinder und Jugendliche aus den unterschiedlichsten Kulturen und Ländern mit uns teilen. Gehen wir davon aus, dass die Kinder in glücklichen Momenten der Welt ein Lächeln schenken und somit unser Leben bereichern.

Glück,
welch ein schönes Thema, das doch oft gerade Erwachsenen so schwierig erscheint und nicht selten begeben wir uns auf eine Reise und Suche nach dem Glück und verpassen dabei so manchen glücklichen Augenblick.
Mit diesem Buch wird gezeigt, wie unterschiedlich „Glück" ist. Möge es Ihnen Anlass geben, Ihre „Glücksmomente" zu erspüren und lassen Sie uns von den Kindern lernen.

Wir bedanken uns bei allen Kindern und Jugendlichen, die uns von ihrem „Glück" berichten und mit großem Spaß und Einsatz an diesem Projekt teilgenommen haben. Unser besonderer Dank gilt der Heide und Heinz Dürr Stiftung sowie der Aktion Mensch, ohne deren Unterstützung dieses tolle Projekt nicht realisiert hätte werden können.

Insbesondere danken wir Nelli Elkind für die phantastische Idee und die hervorragende Umsetzung und Begleitung des Projektes.

Andreas Lorch
Geschäftsführer der
Evangelisches Johannesstift Jugendhilfe gGmbH

Nicole Leifeld
Bereichsleitung
Hilfen Zur Erziehung

Vorwort

„Das Wunder war weg, aber ich war glücklich"
Kamila Lubschenko

In einer Mehrheitsgesellschaft, wie in Deutschland oder anderen Ländern, werden Minderheiten, wie Menschen mit Beeinträchtigungen, Menschen aus anderen Kulturen, anderen sozialen Schichten und Religionen oft als „die Anderen" wahrgenommen. Der prägende Einfluss von Familie und Gesellschaft legt bereits im frühen Kindesalter den Grundstein für Normen und Werte. Diese Normen und Werte helfen, können aber auch begrenzen und Barrieren aufbauen.

Zwischen den Geschichten in diesem Buch liegen räumlich Tausende von Kilometern und viele Zeitzonen. Von den Kindern der Schamanen, zu den auf der Straße spielenden Kindern von Kuba und von der Polarnacht bis zur heißen Sonne Afrikas. Es sind Kinder aus gut situierten Familien und Kinder, die aus unserer Sicht wenig besitzen, Kinder mit Beeinträchtigungen und ohne, Kinder, die bei ihren Familien oder in Einrichtungen oder Internaten leben. Sie alle erzählen uns von ihrem persönlichen Glück. Entstanden sind die 65 Geschichten zum Glück im gemeinsamen Projekt der Jugend- und der Behindertenhilfe des Evangelischen Johannesstiftes.

Was und wer macht unsere Kinder glücklich? Ich glaube, das ist eine wichtige Frage, weil aus Kindern Erwachsene werden und diese unsere Zukunft sind. Wie auch Baturkaan in seiner Geschichte sagt, aus Kernen werden Bäume.

Mit Hilfe von sieben Dolmetschern, Skype und einem Workshop ließen wir die Barrieren fallen. Die Kinder erzählten nicht einfach nur ihre Geschichten und Vorstellungen zum Glück, sie sendeten sich Videobotschaften und hatten viele Fragen, die sie sich stellten. Nicht nur erzählen, sondern auch zuhören und mit einer solchen Aufmerksamkeit und Achtsamkeit, dass sie die Videobotschaft eines nicht hörenden Mädchens mit Händen beantwortet haben, damit das Mädchen sie auch wirklich verstehen kann. Es hat sich gezeigt, das Glück hat viele Facetten. Sascha, der im Sterben liegt und in der stillen Anwesenheit seiner Freundin sein Glück sieht, Ali Reza, der sich als Glückspilz empfindet, weil er mit seinem Großvater, seiner Mutter und seiner Tante gemeinsam Boot fahren kann oder Kamila, die in ihrem Weihnachtstraum das Glück erlebte, hören zu können.

Das sind nur einige und jedes weitere Kind bringt eine andere Facette hinzu. Manche wünschen sich von ganzem Herzen ein paar weiße Turnschuhe, andere ein Privatflugzeug, um Messi zu besuchen, aber hauptsächlich dreht es sich um uns Erwachsene.

Uns Erwachsene, die wir Eltern sind, aber auch uns Erwachsene, die wir Kinder begleiten wie Lydia, die in der Jugendhilfe arbeitet und mit Sophia, Jeremy und Celine zusammenlebt und mit ihnen verreist, ihre Talente unterstützt, sie überrascht und einfach für sie da ist. Da sind auch Jenny und Florian, die in der Behindertenhilfe arbeiten und für Emil das Glück bedeuten. Glück bedeutet für die Kinder, nicht allein zu sein oder wie David es gesagt hat, ihn macht glücklich, wenn jemand für ihn da ist, wenn er Albträume hat. Materielle Dinge gab es zwar auch als Wunsch, sie spiegelten sich aber nie im Glücksgefühl wider. Besonders schön beschrieb Aljona ihr Glücksgefühl zu ihrer Familie, als sie erzählte, wie sehr sie sich jeden Tag darauf freute, wenn sie am Abend im Dunkeln durch die eisige Kälte laufen musste und in der Ferne das erleuchtete Küchenfenster erschien, wo auf sie schon ein warmer Tee wartete.

Das Projekt erweiterte sich während seiner Durchführung und ohne unser Zutun gab es plötzlich auch Kinder aus Afrika, die teilnahmen. So wurden aus 57 Kindern 65. Wenn das Projekt an dieser Stelle kein Ende gefunden hätte, würde die Anzahl der Kinder noch weiterwachsen.

In den Geschichten der Kinder kann man sehen, was wir Erwachsenen sehen müssen. Und das ist einfach das, was sie sind und sie dabei zu unterstützen, ist der Weg, sie glücklich zu machen.

„Dina, du läufst wie eine Ballerina! Das stimmt. So fühle ich mich auch. Sie hat in mir nicht das nicht hörende Mädchen gesehen, sondern die Ballerina. Das macht mich glücklich."

Was würden Sie tun, wenn ein nicht sprechendes und nicht hörendes Mädchen Ihnen mitteilen würde, tanzen zu wollen? Dina tanzt und singt mit Gebärden und sie hat mit ihren ebenfalls nicht hörenden Freundinnen und Freunden bei ihren Auftritten schon viele Preise gewonnen. Natalja hat in ihr die Ballerina gesehen und sie dabei unterstützt. Oft sind es aber wir Erwachsene, die Kinder auf Barrieren hinweisen, auch dort, wo es diese eigentlich gar nicht gibt.

Wenn mich nach der Beendigung dieses Projektes jemand fragen würde, wer oder was Kinder glücklich macht, dann gibt es für mich nur eine Antwort. Wir Erwachsene, ganz egal, ob wir Eltern sind, Lehrer, Erzieher oder Begleiter.

Nelli Elkind

Vita Solovjova (8 Jahre)
Russland

Priwet, ich bin Vita. Ich lebe hinter dem Polarkreis. Dort, wo es Polartag, Polarnacht und Polarlichter gibt. Es ist sehr schön bei uns. Ich liebe es sehr, zu malen und ich mache Judo. Im Dezember scheint die Sonne am kürzesten Tag nur 21 Minuten.
21 Minuten und das war`s. In der Kunstschule brennt aber Licht und zu Hause auch. Umso gemütlicher ist es dort. Die Polarlichter hat uns Gott geschenkt, damit wir nicht traurig sind, wenn es so lange dunkel ist. Polarlichter zu malen, ist sehr schwer.
Die Farben ändern sich ständig. Auf unseren Straßen gibt es sehr viele Streuner. Manche haben kranke Pfötchen oder Äuglein. Ich füttere sie zusammen mit Mama und auch ohne Mama. Darum nehme ich immer viele Stullen mit in die Schule. Bis ich dort ankomme, ist meine Brotbüchse meistens schon leer. Die Tiere kennen mich fast alle. Ich sie aber auch. Im Winter frieren sie oft sehr, weil die Winter bei uns sehr kalt sind. Ich füttere die Streuner jeden Tag. Manchmal nehmen wir die Hunde von der Straße und geben sie dann in gute Hände. Kranke Kätzchen will aber niemand haben. Wenn ich groß bin, möchte ich ein großes Haus haben, in welches alle Streuner hineinpassen. Dann bin ich glücklich. Ich wünsche allen, Katzen und Hunden, dass sie nicht hungern und nicht frieren müssen und dass sie nicht so dünn sind. Und den Kindern wünsche ich viel Glück und dass sie auch nicht hungern und frieren müssen … und auch nicht so dünn sind.

Ich wünsche Allen Glück und viele Polarlichter.

Leoni (11 Jahre)
Deutschland

Meine Mama kommt mich jeden Mittwoch zusammen mit Lilly besuchen.
Lilly ist unser Hund. Wir gehen dann spazieren. Mama ist der einzige Mensch, der mich glücklich machen kann.

Griechenland ist ein schönes Land. Dort wohnen meine Tante und mein Onkel. Dort gibt es das Meer und die Häuser sind weiß und blau. Meine Tante kann Griechisch. Sie ist mit einem Griechen verheiratet. Sie haben sich eine kleine Villa gekauft. Ich war mit Oma und Opa dort zu Besuch. Wir waren lange dort und an den Abenden haben wir griechisch getanzt. In Amerika war ich auch. Dort wohnt meine andere Oma. Dort ist es auch schön zu leben. Ich kann kein Englisch, aber ein paar Wörter Spanisch. Eine unserer Erzieherinnen hat es uns beigebracht. Sonst bin ich gut im Sport, besonders beim Bockspringen. In Sport habe ich immer eine Eins. Ich turne gerne. Ich turne regelmäßig jede Woche. Da komme ich ganz nach meiner Oma. Sie ist über 70 und sprintet schneller als ich. Sie ist Künstlerin. Ich male auch gern und ich mag Tiere sehr. Ich hatte schon einen Hamster, drei Katzen und einen Hundewelpen und jetzt halt Lilly, die mich jeden Mittwoch besucht. Wenn ich erwachsen bin, möchte ich eine Schlange haben. Die können so lustig ihre Kiefer aufklappen und fühlen sich warm an. Einfach cool. Und Kinder ... alle Kinder brauchen ein Zuhause. Mein größter Traum ist, dass ich zu meiner Mama kann.

Polina (15 Jahre)
Russland

Der Tag, der mein Leben verändert hat, war, als ich ein Kätzchen geschenkt bekommen habe. Ein kleines Familienmitglied, das Farbe und Wärme brachte. Eigentlich braucht man nicht viel im Leben. Träume, weil sie unabhängig und frei sind. Träum, was du willst. Du kannst dich in ihnen einfach in einem Königsschloss wiederfinden oder auf der Piazza Venezia in Rom und man kann in seinen Traum lassen, wen man will oder auch einfach keinen. Du kannst ihn dir selber ausmalen und zwar mit deinen selbstgewählten Farben. Papa sagt, Hauptsache, du verläufst dich nicht in deinen Träumen. Denk an deine Zukunft. Aber die Träume sind unsere Zukunft. Damit sie in Erfüllung gehen, hilft mir die Unterstützung meiner Eltern, das kleine Kätzchen und Zeit.
Zeit, um von der Zukunft zu träumen und ihr nicht einfach blind hinterherzujagen.

Iradatou Amadou (15 Jahre)
Benin

Ein Geschenk ist, dass man geboren wird und aufwächst.
Leben ist ein großes Geschenk.
Liebe ist ein großes Geschenk.
Lernen zu können, ist ein großes Geschenk.
Zeit ist ein großes Geschenk. Kinder brauchen Zeit zum Spielen, um glücklich zu sein.
Ich bin glücklich, dass mich meine Eltern lieben. Ich bin glücklich, dass ich viele Geschwister habe und die mich auch lieben. Ich bin glücklich, dass ich zur Schule gehen kann.
Wenn ich erwachsen bin, hoffe ich, eine Arbeit zu finden und eine gute Familie zu haben.
Den Rest habe ich schon ... Leben, Liebe, Lernen und Zeit.

Emil (14 Jahre)
Deutschland
(verfasst von Nelli Elkind)

Prolog:
Das war unser ungewöhnlichstes Interview im klassischen Sinne. Das war mehr. Emil hat mit uns sein Glück geteilt. Wir haben erfahren, dass Glück manchmal gar keine Worte braucht. Lieber Emil, danke dafür und lieber Florian und liebe Jenny, auch euch vielen Dank dafür. Für unser Interview mit Emil besuchten wir ihn an zwei Tagen.

Tag 1: Emil lachte und die Sonne streifte durch seine Haare. Kurz schaute er uns an, lächelte und wendete seinen Blick dann wieder desinteressiert von uns weg. Und dann kam Florian. Wir haben schon so viel über Glück gehört und erzählt bekommen, aber jetzt konnten wir das Glück sehen. Es füllte den ganzen Raum. Florian und Emil laufen zusammen, sie spielen zusammen und Florian sprach währenddessen die ganze Zeit zu ihm. Wir fotografierten und genossen die Atmosphäre und nahmen am Ende des Besuchs ein wenig mit von diesem Glück.

Tag 2: Wochen später waren wir wieder zum Interview bei Emil. Heute durften wir in Emils Zimmer. Wir hörten Technomusik und kämpften ein wenig um das Handy bis Jenny kam. Und dann war es wieder da. Das Glück war überall im Zimmer zu spüren und sogar der Regen hinter dem Fenster schien ein wenig glücklicher an die Scheibe zu klopfen. Es war ein sehr schönes Gespräch zwischen Jenny und Emil und uns, ganz ohne Worte, mit Händen, Füßen, Lachen und Musik. Was wir für uns mitgenommen haben und was wir teilen möchten, ist, dass Glück keine Worte braucht. Wir haben viele Kinder über Glück sprechen gehört, aber noch nie hat jemand mit uns sein Glück geteilt.
Jenny verließ das Zimmer und es war wieder ein ganz gewöhnlicher Tag und Emils Aufmerksamkeit lag wieder ganz bei meinem Handy.

Bis zum nächsten Mal Emil und danke dafür.

Georgij Kasimow (12 Jahre)
Usbekistan

Es gibt nichts Besseres, als wenn uns meine Oma und mein Opa aus Taschkent besuchen kommen, meine Oma Eierkuchen backt und mein Opa Suppe kocht. Wenn dann noch Tante Tanja und die Nachbarn dazukommen, dann finde ich es wunderbar.
Jeden Morgen mache ich Gymnastik, esse und trinke dazu viel Tee und Wasser und manchmal sogar Saft, damit ich Kraft habe. Ich hoffe, ich kann bald Fahrrad fahren.
Dann werden meine Beine immer in Bewegung sein. Gut, dass meine Hände mir immer helfen. Ich kann mit ihnen ein Schloss aus Steinen bauen und damit spielen. Was ich mir wünschen würde, wäre aber draußen mit den Kindern zu spielen und einfach frei herumlaufen zu können.

Varvara Nazarova (11 Jahre)
Russland

Ich will so sehr eine Leichtathletin werden. Ich laufe schneller als die Jungs. Mama meinte, tanzen ist besser. Tanzen tue ich schon sehr lange, bin gut, aber nicht die Beste, beim Laufen schon. Egal. Das Wichtigste für mich ist, dass meine Mama gesund bleibt. Das habe ich verstanden, als sie krank war. Ich hatte so eine Angst. Papa hatte damals abgewunken und gesagt, es wird alles gut. Ich hatte aber trotzdem Angst, sie zu verlieren und habe sogar in der Schule geweint. Gott sei Dank, dass Mama wieder gesund ist. Ich war mit Mamotschka überall. In Vietnam, der Türkei und Deutschland. Ich liebe das mehr als alles andere auf der Welt. Mit Mama verreisen, mit ihr allein, nur sie und ich. Anetschka bleibt gerne bei Papa. Die fahren dann zu zweit zu Oma. Sie ist noch klein. Mama meinte, dass sie im nächsten Jahr zu zweit mit Anetschka ans Meer fährt.

Ich liebe es sehr zu malen, Freunde zu treffen und ich liebe Geheimnisse. Ich schreibe etwas Geheimes auf und zerreiße den Zettel danach in tausend Stückchen, damit es niemand lesen kann. Darum wünsche ich mir eine verschließbare Schatulle, in welche ich alle meine Geheimnisse legen kann, ohne Angst haben zu müssen, dass jemand anderes sie lesen kann. Ich liebe das Meer sehr.

Vielleicht überlegt es sich Mama ja noch anders und wir fahren alle zusammen dorthin.

Abulfazl (13 Jahre)
Afghanistan-Deutschland

Ich wollte nicht sterben.
Ich habe die beste Familie auf der Welt. Meine Familie wollte nicht, dass ich sterbe. Deswegen bin ich hier in Deutschland. Ich habe jetzt Freunde, kann Fußball spielen und habe sogar einen kleinen Bruder. Als wir Afghanistan verlassen haben, habe ich nicht geweint. Ich habe auch nicht geweint, als die Soldaten uns vor die Füße in den Sand geschossen haben. Ich habe das erste Mal geweint, als wir bei unserer ersten Flucht im Iran gestrandet sind und ich habe mich gefreut über den friedlichen Himmel über meinem Kopf. Am ersten Tag vor der Schule habe ich mich gefreut, neue Freunde zu finden. Die haben mich geschupst. Sie haben meine Brille zertreten und haben mir zugerufen, dass ich abhauen und nach Hause gehen soll. Das hat mich sehr verletzt und die Tränen ließen meinen Blick ganz verschwimmen. Ich wusste nicht, was ich falsch gemacht hatte, was an mir falsch war. Später haben sie uns wieder zurück nach Afghanistan deportiert. Ich hatte Angst und dann sind wir wieder geflohen, nach Deutschland. Ich kann nicht schwimmen und habe Angst vor dem Wasser, aber ich habe nicht geweint, als ich im überfüllten und schaukelnden Schlauchboot saß, weil ich nicht sterben wollte. Die ganze Zeit habe ich mir versucht vorzustellen, wie es in Europa aussieht, wo es keine Taliban gibt und wo niemand in den Sand vor deine Füße schießt. Dort, wo ich gar keine Angst haben muss. Ich saß im Boot und trotz meiner Angst, habe ich sogar ein wenig gelächelt. Jetzt habe ich ein eigenes Zimmer, meinen kleinen Bruder und viele Freunde. Ich habe viel zu tun und nicht so viel Zeit nachzudenken, aber manchmal am Wochenende oder in den Ferien wache ich auf, liege in meinem Bett und denke an meine Freunde, die in Afghanistan geblieben sind. Manchmal versuche ich mich dann an ihre Gesichter zu erinnern und dann höre ich meinen Bruder und renne panisch in das Zimmer zu meinen Eltern. Ich habe Angst, dass er aus dem Bett fällt, während meine Eltern schlafen. Er sieht mich, freut sich und streckt mir seine Hände entgegen. Mama schließt wieder ihre Augen und lächelt. Sie weiß, jetzt kann sie noch 15 Minuten schlafen und wenn ich gute Laune habe, dann eine ganze halbe Stunde. Wir haben nicht sehr viel Geld, aber das ist nicht so wichtig. Ich gehe zur Schule. Ich habe Freunde und Familie und die Hauptsache ist, hier gibt es keine bösen Menschen. Später möchte ich Polizist werden, damit es auch immer so bleibt. Ich freue mich, wenn die Sonne scheint, mich mein Bruder Amir anlächelt, wenn ich mit meinen Freunden spiele und ich würde mich riesig freuen, wenn ich irgendwann eine Playstation 4 bekomme. Und früher habe ich mich immer darüber gefreut, wenn die Soldaten gegen die Taliban siegten, weil ich nicht sterben wollte. Zum Glück saß Amir nicht im Schlauchboot. Ich wünsche mir, dass er niemals Angst haben muss.

PS.: Glück für mich, ist meine Familie und keine Angst zu haben und mein glücklichster Moment war, als ich wieder aus dem Schlauchboot ausgestiegen bin.

Ali Reza (11 Jahre)
Iran

Was sind das, gute Eltern? Eltern, die nie schimpfen und die ihren Kindern die Freiheit lassen, alles zu tun, was sie möchten, zum Beispiel X-Box oder Fußball spielen. Alle Kinder haben verschiedene Wünsche. Es ist aber wichtig, dass diese in Erfüllung gehen. Ich zum Beispiel wünsche mir, ohne Krieg zu leben und dass meine Eltern glücklich sind. Wenn ich mir wünschen dürfte, was ich auf der Welt ändern würde, würde ich die Dunkelheit abschaffen. Ich mag keine Dunkelheit.

Später möchte ich Großhändler werden und Autos verkaufen. Einfach, weil ich Autos und Geschwindigkeit liebe und weil ich gerne sehr viel Geld haben möchte. Viel Geld brauche ich zum Beispiel, um mir ein Privatflugzeug kaufen zu können, mit dem ich um die ganze Welt reisen kann. Ich möchte die Architektur und die Geschichte von allen Ländern kennenlernen. Zu allererst würde ich Argentinien besuchen und mir dort die Fußballstadien ansehen. Das war so schön, mit Opa Aziz, meiner Mutter und meiner Tante nach Prag zu fahren. Dort gab es so wunderschöne alte Gebäude. Wir sind mit dem Boot gefahren und haben einfach gemeinsam Zeit verbracht. Ich saß dort in dem Boot und dachte, Ali Reza, du bist ein Glückspilz.

Ich liebe es, meinen Opa in Deutschland zu besuchen. Leider kann man Messi nicht in Deutschland Fußball spielen sehen, dafür gehe ich dort aber immer mit meinem Opa angeln. Wenn ich mir meinen Wunsch Großhändler zu werden erfüllen will, kann ich aber nicht einfach nur dasitzen und abwarten. Dafür muss ich etwas tun. Wenn ich das geschafft habe und richtig viel Geld verdiene, dann würde ich in Teheran moderne Krankenhäuser bauen. Dort selber arbeiten möchte ich aber nicht und ansehen will ich sie mir auch nicht. Ich habe Angst vor Krankenhäusern. Vor ein paar Jahren gab es eine schlimme Zeit für mich. Mein Papa hatte einen Autounfall, weit von zu Hause entfernt und Mama und ich waren in Teheran und konnten ihn nicht einmal besuchen. Ich habe die ganze Zeit nur an meinen Papa gedacht. Da habe ich verstanden, wie sehr ich ihn liebhabe. Ich habe meine ganze Familie ganz doll lieb. Ich habe schon viele schöne Sachen erlebt, aber am allerschönsten war es, als mein Papa nach Hause kam. An diesem Tag durfte ich mit meinem Papa Cola trinken. Sonst mag meine Mama das nicht so. Ich habe ihm einfach alles erzählt, was ich ohne ihn erlebt habe und danach habe ich ihn gefragt und gefragt und gefragt, bis er eingeschlafen ist. Ich frage alle Leute viel. Mein Opa Aziz in Deutschland hat immer Zeit, um mir meine Fragen zu beantworten. Wer nicht fragt, kann nicht lernen oder? Denn, ohne etwas dafür zu tun, kann ich mir kein Flugzeug kaufen.

Zuhal (16 Jahre)
Deutschland-Türkei

Ich schminke mich gern. Das hat etwas Magisches und später möchte ich Polizistin werden. Die sehen so schön aus und ich möchte so oft wie möglich in der Türkei sein.
Dort gibt es so gute Luft, eine schöne Umgebung und die ganze Familie. Ich liebe alle meine Cousinen. Die Ferien sind momentan die beste Zeit in meinem Leben und die allerbesten Ferien waren, als meine Cousine nach langem Wunsch ein Baby bekommen hat. Ich war früher wie ihr Kind, weil sie kein eigenes hatte. Dann bin groß geworden und sie konnte sich nicht mehr um mich kümmern. Sie war traurig und jetzt hat sie ein eigenes bekommen und wir waren alle glücklich. Ich habe hier auch viele Freunde und liebe Physik und Englisch in der Schule, aber in der Türkei ist es noch lustiger. Meine Mama ist für mich wie eine Freundin. Sie ist lustig und nett und ich kann ihr alles erzählen. Ich liebe es, mit Mama shoppen zu gehen und mit Papa mit dem Auto rumzufahren. Für mich ist es wichtig zu wissen, dass meine Eltern glücklich sind und dass sie mich öfter in die Türkei reisen lassen. Dort ist unsere große Familie und immer sind Menschen um einen herum. Alle freuen sich auf mich und ich mich auf sie alle. Menschen brauchen Liebe.

Sophia (12 Jahre)
Deutschland

Ich spiele schon fast fünf Jahre lang Fußball. Dreimal in der Woche. Wir waren auch schon Tabellenerster. Ich möchte für immer Fußball spielen. Mein Vorbild ist Ronaldo. Wenn ich gerade nicht Fußball spiele, lese ich Romane oder kuschele mit unserem Hund Eddy. Wenn ich erwachsen bin, möchte ich Polizistin werden, Fußball spielen und öfter nach Italien fahren. Ich war mit Lydia und meinen Geschwistern mit dem Auto in Italien am Gardasee. Da sind so schöne Aussichten. Wir sind dort Fahrrad gefahren und das italienische Eis ist so lecker. Was brauchen Kinder, um glücklich zu sein? Kinder brauchen jemanden, der ihnen etwas beibringt und der einfach für sie da ist.

Seren
Deutschland

Weißt du, ich wäre gerne ein Model. Schön, gut gelaunt und beliebt. Hast du schon meine neue Haarfarbe gesehen? Abla[1], wo habt ihr dieses schöne Kleid gekauft? Wenn ein Mensch schön ist, gefällt er allen. Weißt du, die sagen dann, Seren ist ein schönes Mädchen. Ich liebe es, fotografiert zu werden. Das Licht im Gesicht. Die Augen geschlossen. Ich genieße es, mich so zu fühlen. Ich denke dann, alle sehen mich. Wenn das Licht ausgeht und die Kamera auch, dann ist es vorbei und ich bin wieder im Schatten. Meine Mama hat noch viele Kinder. Ich wohne jetzt allein, aber Mama besucht mich. Weißt du, wenn man sich schön macht, gucken alle ganz anders. Die sehen dich dann anders, obwohl ich dieselbe bin. Ich weiß nicht, wie ich das besser sagen kann. Wenn ich für immer modeln könnte, dann würde ich vielen Menschen gefallen. Irgendwann vielleicht finde ich einen Freund, aber so lange ... Abla, Licht an, Kamera an, Augen zu. Fotograf, gib dir ein bisschen Mühe. Ich möchte auf dem Foto gut aussehen.

[1] respektvolle türkische Ansprache, übersetzt = große Schwester, wird aber nicht nur bei Verwandten gebraucht

German Meselew (12 Jahre)
Russland

Ich will immer fröhlich und lustig sein. Ich versuche, so auf das Leben zu gucken. Meine Wünsche gehen darum auch immer in Erfüllung. So habe ich schon ein Telefon bekommen und ein Fahrrad. Jetzt habe ich noch einen Wunsch, eine Playstation und wenn ich groß bin, möchte ich ein Quad haben, aber die Wichtigsten für mich sind meine Eltern. Weil, ohne meine Eltern wären meine Träume nicht in Erfüllung gegangen und ohne meine Eltern wäre ich nicht da. Man muss anderen Menschen immer etwas Gutes tun, ohne dass sie es merken und man muss sich immer um seine Eltern kümmern, weil sie mich, indem sie sich um mich gekümmert haben, gelehrt haben, wie man liebt.

Baturkaan Ayhan (9 Jahre)
Deutschland

Na, das ist eine Sache. Ich wollte immer einen Vogel haben und mein Bruder hat einen Hund zu Halloween bekommen. Fische will ich nicht haben. Früher hatten wir schwarze Fische. Zuerst haben die alle anderen Fische aufgefressen und dann sich gegenseitig, bis nur noch einer übrig war. Der war so dick, dass er daran gestorben ist. Wenn ich groß bin, kaufe ich mir einen Vogel, zwei Schlangen und viele kleine Mäuse als Futter für die Schlangen. Ich würde aber nur die Mäuseväter an die Schlangen verfüttern und die Mütter und Mädchen nicht. Die Männer sind Prinzen und nicht so wertvoll. Ich kann sie an ihrer Größe unterscheiden. Ich will später Schlangenzüchter werden. Ich kann mit allen Tieren kommunizieren. Ich kann Schlangen-, Frosch- und Wolfsgeräusche. Bei uns in der Familie sind sonst alle Technikfans und ich bin so gesehen ein Naturfan. Wenn ich Blumen pflücke, finde ich dort oft viele Spinnen. Ich bringe sie immer in die Natur zurück, in den Wald oder auf die Wiese. Sie freuen sich. Sie müssen dann nicht so weit laufen. Wenn ich in der Türkei bin, füttere ich dort die Straßenhunde. Einmal haben wir in einem Ort einen Hund immer gefüttert und ihn Pascha genannt, aber irgendjemand hat ihn erschossen. Ich war sehr traurig. In der Türkei stehen alle Kinder sehr früh auf, um Pfirsiche vom Baum zu essen. Wenn ich aufstehe, liegen da nur noch die Kerne. Aus den Kernen werden auch Bäume, aber erst später. Dann bin ich schon alt. Manchmal stehe ich früher auf, als die anderen Kinder, um überhaupt einmal Pfirsiche abzubekommen.

Batuhan Ayhan (13 Jahre)
Deutschland

Ich sage es einfach und ganz kurz. Die Kinder brauchen ihre Familien und ihre Freunde und müssen immer beieinander sein und nie allein, damit sie glücklich sein können. Wenn sie dann noch einen Hund geschenkt bekommen, dann gehört der ja auch irgendwie zur Familie.

Vera Volodina (11 Jahre)
Russland

Manchmal möchte ich eine magische Figur sein. Ich könnte dann allen Geschenke wie Spielzeuge, Puppen und was Kindern sonst noch gefällt bringen. Am allerwichtigsten ist mir aber, dass alle gesund bleiben, die mir nahestehen. Deshalb möchte ich Pharmazeutin werden. Dann könnte ich später meine Oma heilen. Mein Papa war auch einmal krank und ihm haben auch Tabletten geholfen. Mein großer Wunsch ist es, die Schule zu beenden. Dort ist es sehr schwer, obwohl ich sehr gute Noten habe.
Das Schmerzhafteste im Leben ist, wenn dich Freunde verraten. Angst bekomme ich, wenn sich Leute anschreien. Am glücklichsten fühle ich mich, wenn die ganze Familie zu Oma kommt und Schaschlik grillt. Ich würde gern in einem eigenen Haus wohnen. Dann könnte ich Beeren im eigenen Garten sammeln. Gerne kann dieses Haus aber in Sankt Petersburg stehen und nicht im Dorf. Ich liebe diese Stadt. Ich wünsche allen Kindern viele ihnen nahestehende Menschen und wenn sie noch keine haben, dass diese kommen werden. Nahestehende Menschen sind nicht einfach Familie, sondern Menschen, die einen lieb haben.

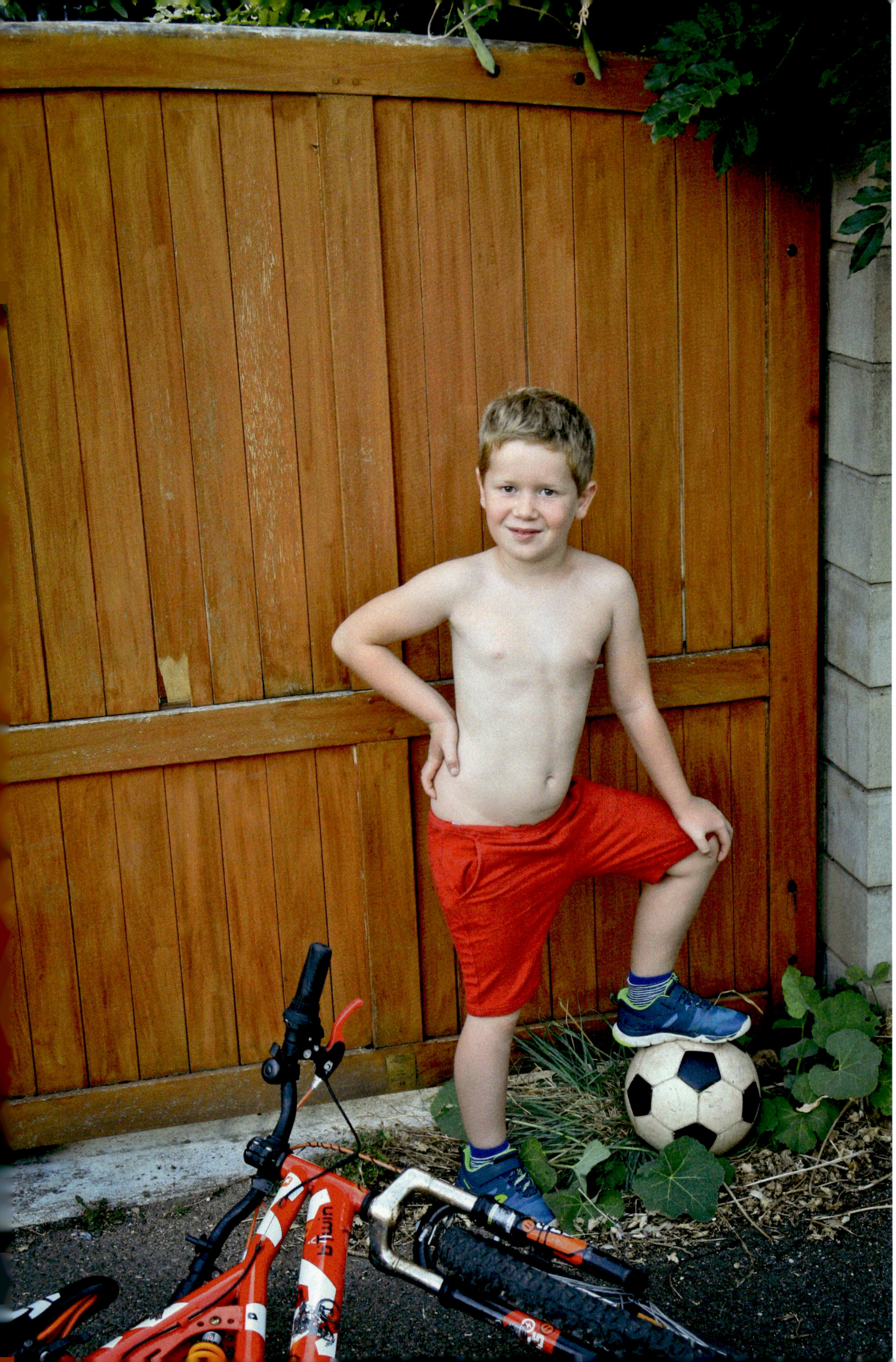

Léo (7 Jahre)
Frankreich

Pokemons sollte es in Wirklichkeit geben! Und Freunde sollten viel öfter bei mir schlafen, weil man dann viel länger Fußball spielen könnte. Besonders glücklich bin ich, wenn meine Cousinen aus Paris nach Tours kommen. Ich wünsche allen Kindern, dass sie immer Fußball spielen, rutschen oder schaukeln können. Dann würden alle Kinder glückliche Kinder sein.

Sascha (10 Jahre)
Russland
(verfasst von Nelli Elkind)

Sara hat Sascha für das Interview angemeldet. Sie sagte, dass es ganz wichtig ist, dass ihm jemand zuhört, weil das sonst niemand tut. Wir interviewten ihn an zwei Tagen und mit einer Pause von einem halben Jahr dazwischen. Ein Foto konnten wir leider nicht aufnehmen. Kennengelernt haben wir Sara und Sascha im Krankenhaushof. Sara war groß und dünn und Sascha war klein und wirkte sehr zerbrechlich. Er war neun und hielt ihre Hand während des ganzen Gespräches, ohne sie einen Moment loszulassen. Seitdem die beiden sich das erste Mal im Krankenhaus getroffen hatten, waren sie unzertrennlich. Seine Eltern lebten weit entfernt und besuchten ihn nur selten. Sara und Sascha waren regelmäßig im Krankenhaushof zu Spaziergängen nach seiner Chemotherapie. Meist waren sie dort ganz allein. Sara hatte lange Haare und Sascha eine Glatze. Sie war drei Köpfe größer und versuchte, instinktiv die Rolle der fehlenden Mutter zu übernehmen. Alles wurde geplant. Das Interview sollte an zwei verschiedenen Tagen stattfinden und zum Schluss sollte das Foto aufgenommen werden. In unserem ersten Interview erzählte uns Sascha sehr viel über das Glück. Spielen, Reisen und nicht allein sein, standen an erster Stelle. Zum zweiten Interview, welches ein halbes Jahr später stattfand, wurden wir zu ihm nach Hause eingeladen. Zu ihm nach Hause, weil die Ärzte ihm nicht mehr helfen konnten. Das Haus war voll mit Fliegen. Die Mutter saß in der Küche und las Zeitung. Sara saß bei Sascha. Er wollte sie sehen und hatte mehrere Wochen auf sie gewartet. Sara wohnte in einer Stadt, vier Stunden entfernt von hier. Sie saß bei ihm und streichelte ihm den Rücken. Er schlief. Sascha, sagte sie. Du hast Besuch. Er öffnete die Augen und sagte Hallo und plötzlich strahlten seine Augen. Weißt du, sagte er, Sara hat mir heute einen Elefanten mitgebracht. Den will ich gerne mitnehmen, egal, wohin ich gehe. Saschas Mutter öffnete die Tür einen Spalt weit und warf einen kurzen Blick in das Zimmer. In ihrem müden Blick konnte man sehen, dass sie ihn schon lange aufgegeben hatte. Sara schien aber zu glauben, dass es ihm schon besser ginge. Sie glaubte daran und er gab sich Mühe. Er fragte, ob wir über ihn schreiben würden. Wir bejahten das und er lachte und griff nach ihrer Hand. Vergessen Sie, was ich alles beim ersten Interview erzählt habe. Glück ist, wenn du weißt, dass jemand dich liebhat, der an dich denkt und einfach für dich da ist. Jemand, der dir zuhört, auch wenn du gar nichts sagst. Glück ist, einen Elefanten zu besitzen und ihn immer bei sich zu haben, egal, wo man ist. Das ist ein Zauberelefant, sagte er und lachte. Mehr brauche ich nicht, um glücklich zu sein. Ich bin jetzt glücklich. Still sitzen wir im Zimmer. Wir, sie, er und ganz viele Fliegen. Sara streichelte wieder seinen Rücken. Noch eine ganze halbe Stunde konnte sie bei ihm bleiben, bis sie wieder abgeholt wurde. Er schloss seine Augen und öffnete sie wieder.
Er war müde, kämpfte aber gegen das Einschlafen, weil er ihren Besuch genießen wollte. Noch in derselben Nacht nach unserem Interview verstarb er.

Glück ist, wenn dir jemand zuhört, auch wenn du gar nichts mehr sagst. Wie wir es dir versprochen haben, schreiben wir deine Geschichte Sascha, dass alle anderen auch von deinem Glück erfahren.

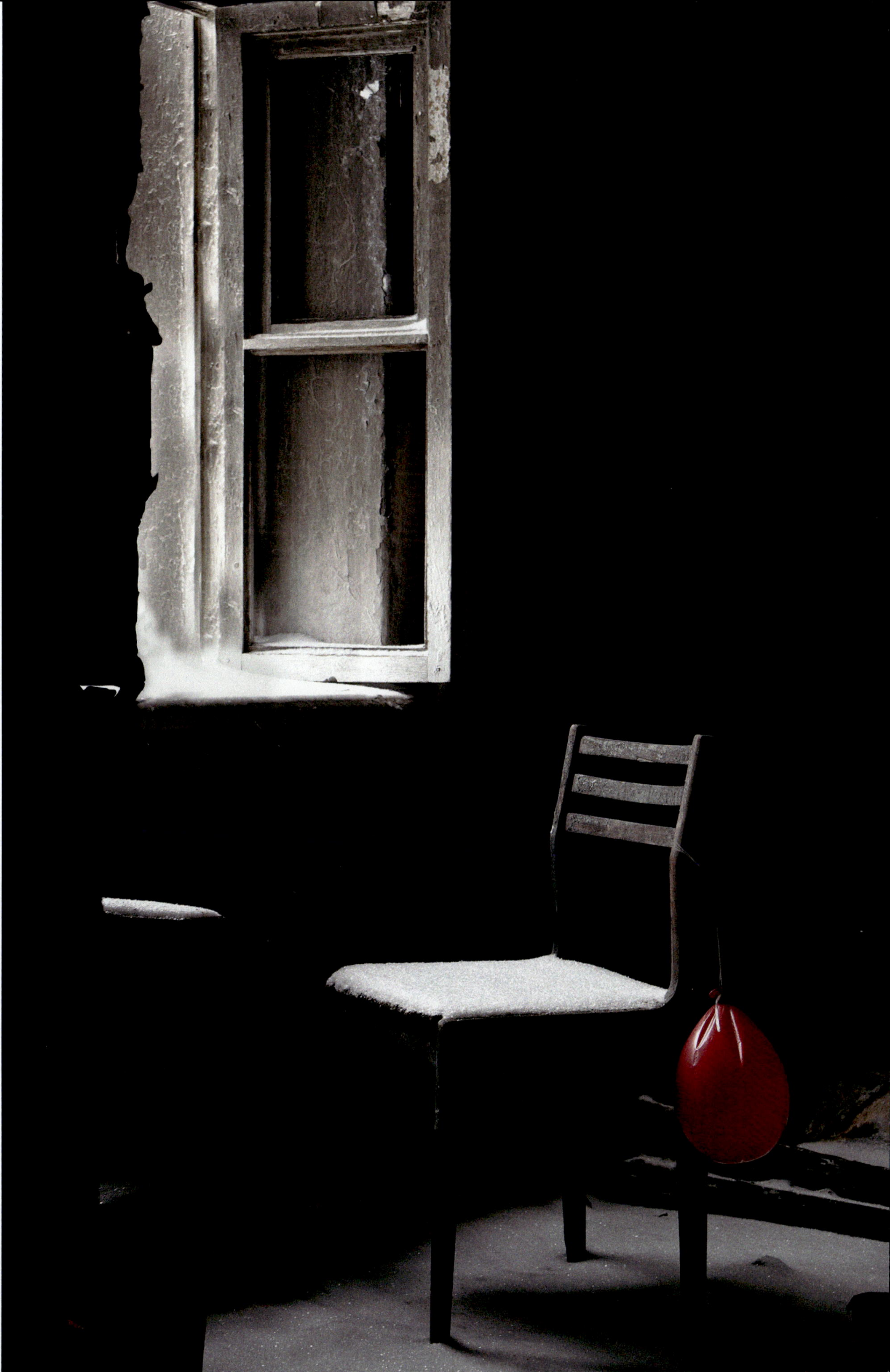

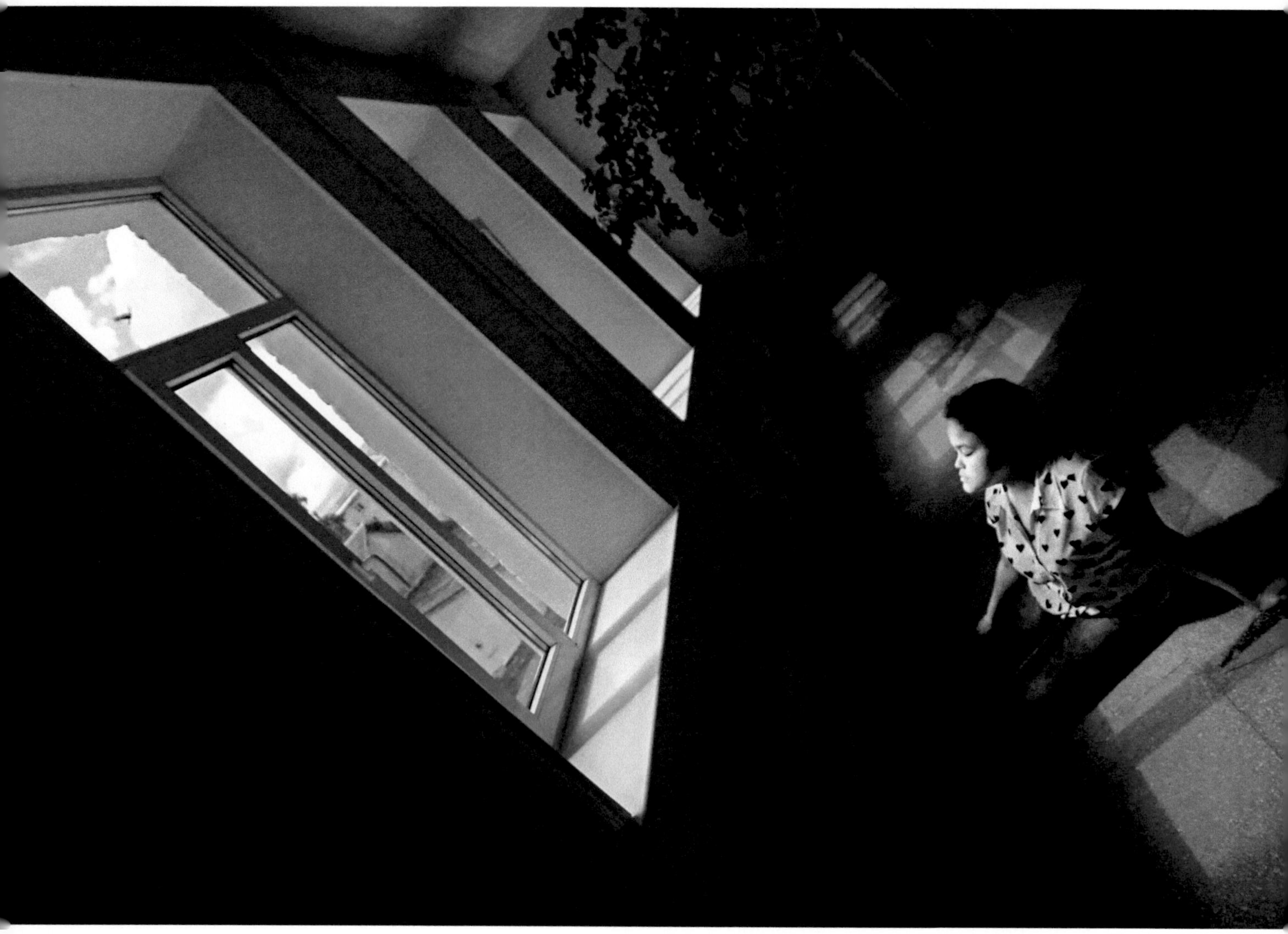

Kamila Lubtschenko (16 Jahre)
Russland

Mir wurde erzählt, dass das Meer rauscht. Aber wie? Was ist Rauschen? Mir wurde gesagt, dass Vögel zwitschern. Aber wie? Ich sehe sie fliegen, höre sie aber nicht zwitschern. Ich glaube an den Weihnachtsmann und jedes Jahr schreibe ich immer nur einen Satz auf meinen Wunschzettel: Ich will hören, sei es auch nur für einen Tag. Einfach um zu wissen, wie das ist. Wie hört sich das Leben an? Meine Erzieherin hat mir beigebracht, wie ich den Takt der Musik fühlen kann. Sie hat dafür einen Trick. Und ich kann tanzen. Das liegt mir im Blut. Mein Vater war ein Ägypter. Ich sage war, weil ich nicht weiß, wo er ist. Bestimmt spaziert er irgendwo durch das märchenhafte Ägypten, vielleicht streichelt er gerade ein Kamel oder trinkt schwarzen Tee und denkt an mich. Ich glaube, tanzen ist ein Gefühl. Tanzen kann man auch ohne zu sehen und zu hören. Das klappt so sogar noch viel besser. Ich mache beim Tanzen immer die Augen zu, um alles besser spüren zu können. Meine Erzieherin hat mir auch beigebracht, mit Händen zu singen. Das machen wir immer zusammen mit anderen Jungen und Mädchen. Wir geben richtige Konzerte. Ich habe schon viele Auszeichnungen bekommen, auf die ich sehr stolz bin, aber viel lieber möchte ich euch über meinen Weihnachtstraum erzählen.

***

Ich bin an einem Weihnachtsmorgen aufgewacht und als erste zum Weihnachtsbaum gelaufen. Unter dem Baum lag eine goldene Mütze. Ich habe sie aufgesetzt und auf einmal konnte ich hören. Die Welt um mich füllte sich mit Geräuschen. Ich konnte sie zuerst gar nicht zuordnen. Ich habe gehört, wie der Holzfußboden unter meinen Füßen knarrte. Ich habe gehört, wie das Wasser aus dem Wasserhahn lief und rauschte. Das Meer war in diesem Moment leider viel zu weit entfernt, aber ich konnte meine Stimme hören und die Stimmen meiner Erzieher. Nur meine Freundinnen waren still. Sie konnten nicht hören. Abwechselnd habe ich allen meine Mütze gegeben und konnte das Glück in ihren Gesichtern sehen. Jetzt wusste ich, wie sich das Leben anhört. Einfach schön!
Ich war vollkommen glücklich. Ich könnte so Stunden, nein Tage stehen und einfach nur lauschen …

Und dann bin ich aufgewacht, umhüllt von Stille. Ich blickte auf die Wand in meinem Internatszimmer und dann zu meiner schlafenden Freundin. Sie schlief mit einem Lächeln im Gesicht. Hatte sie noch die goldene Mütze auf? Das Wunder war weg, aber ich war glücklich. Das ist mein schönster Traum.
Jetzt haben wir schon November und Weihnachten steht wieder vor der Tür. Ich glaube an Wunder und vor mir liegt mein Wunschzettel … vielleicht schenkt mir der Weihnachtsmann in einer schönen Weihnachtsnacht noch einmal so einen wunderschönen Traum.

Frohe Weihnachten eure Kamila

Atakan Temizkan (12 Jahre)
Türkei

Handys machen glücklich und Papa, weil er mir mehr erlaubt als Mama.
Wichtig ist die Freiheit. Man muss alles machen können, was man will.
Zum Leben gehören schöne Kleidung und nette Erwachsene, die für die Kinder da sind.
Aber das Allerwichtigste ist, dass alle Kriege aufhören.

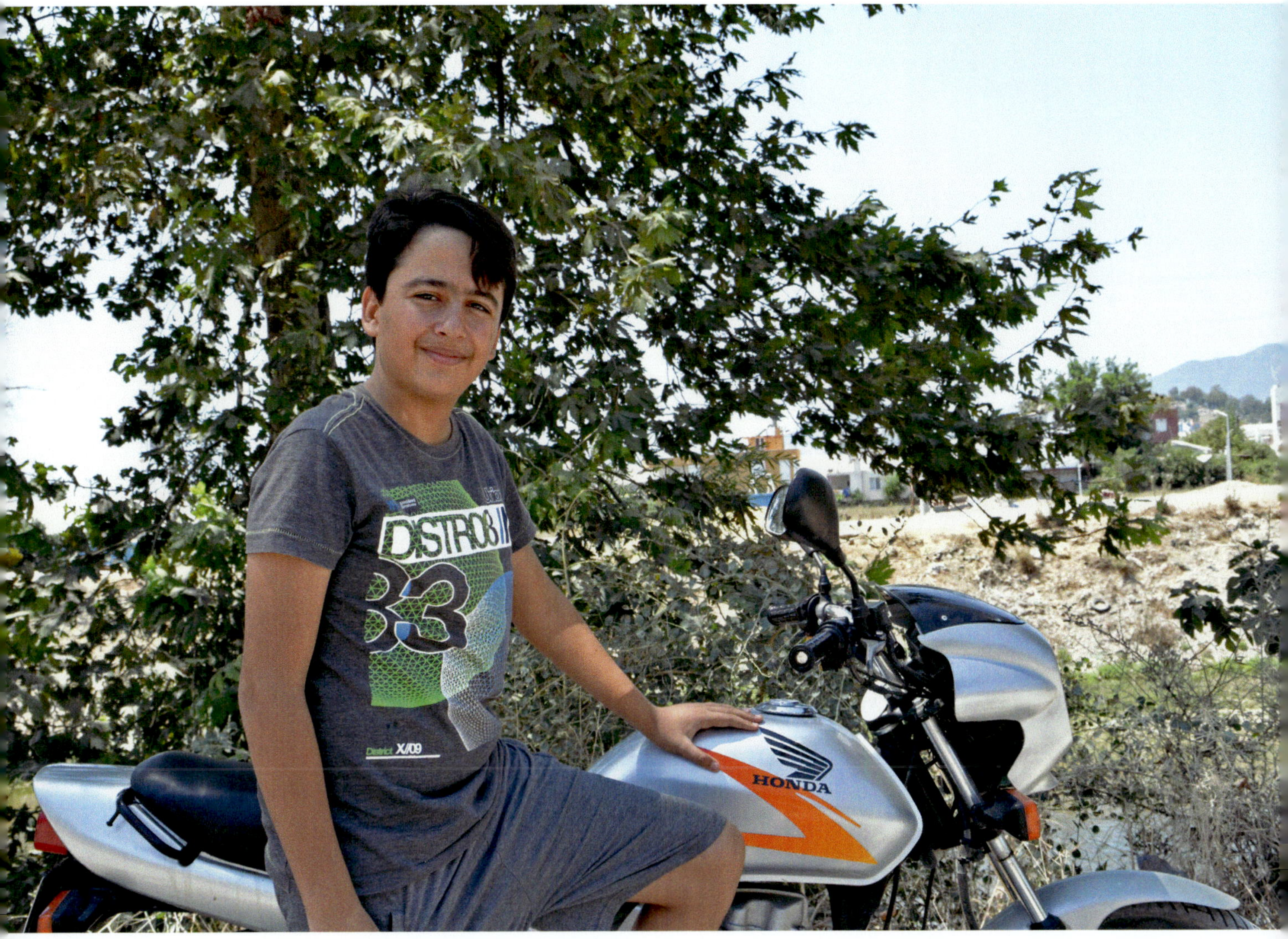
HONDA
District X/09

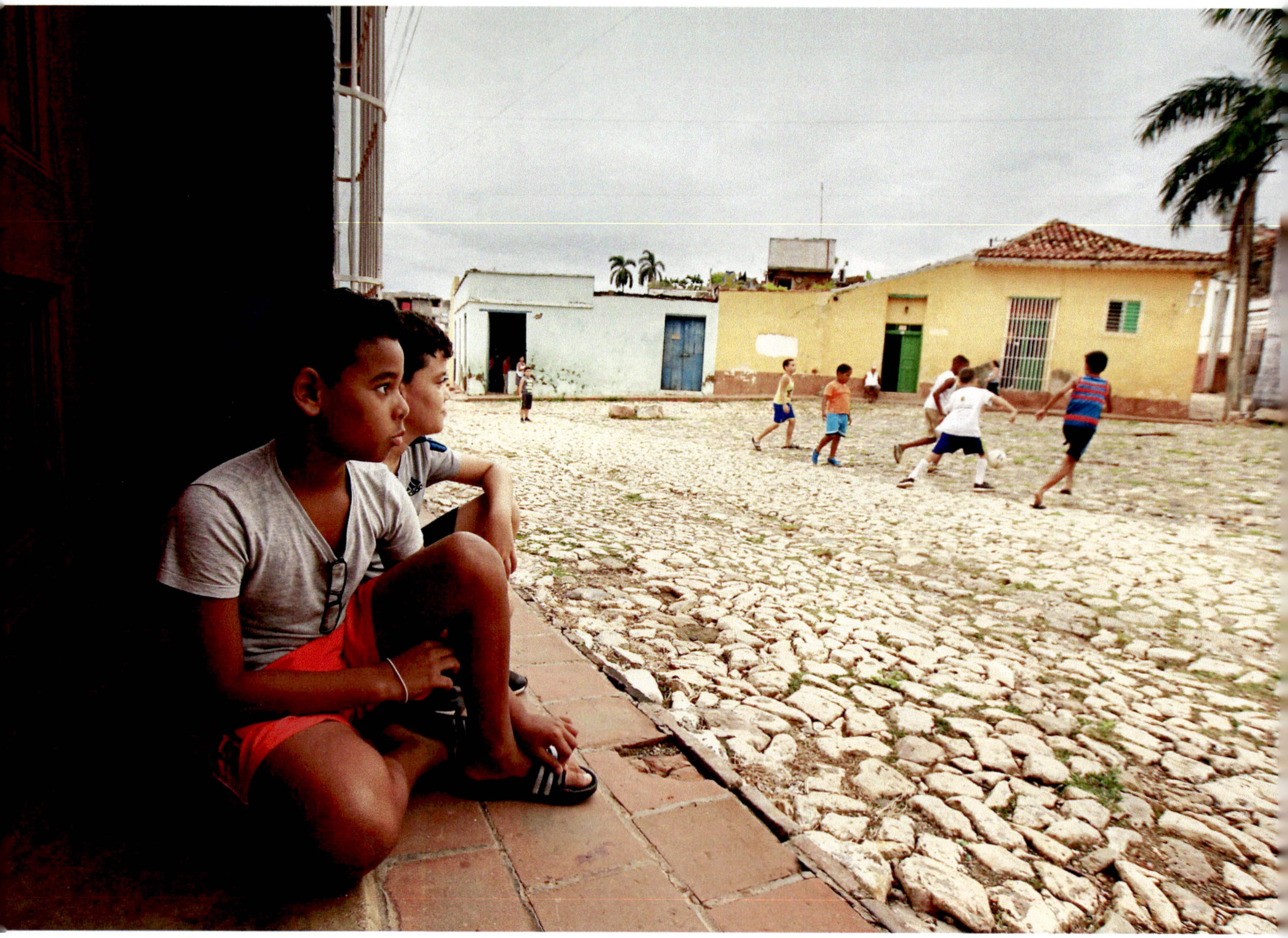

Miguel (11 Jahre)
Kuba

Bei jedem Geburtstag freue ich mich, dass ich geboren bin und bin glücklich, weil ich alles habe, Familie und Freunde. Ich kann ihnen nicht einmal sagen, wie viele Freunde ich habe. Es sind einfach sehr viele. Das ist das Wichtigste.
Die glücklichste Geschichte aus meinem Leben? Das ist schwer zu sagen. Es gibt so viele und jeden Tag passiert etwas Neues, immer neue Abenteuer und neue Spiele.
Darum freue ich mich auf jeden neuen Tag und alles, was er mit sich bringt.

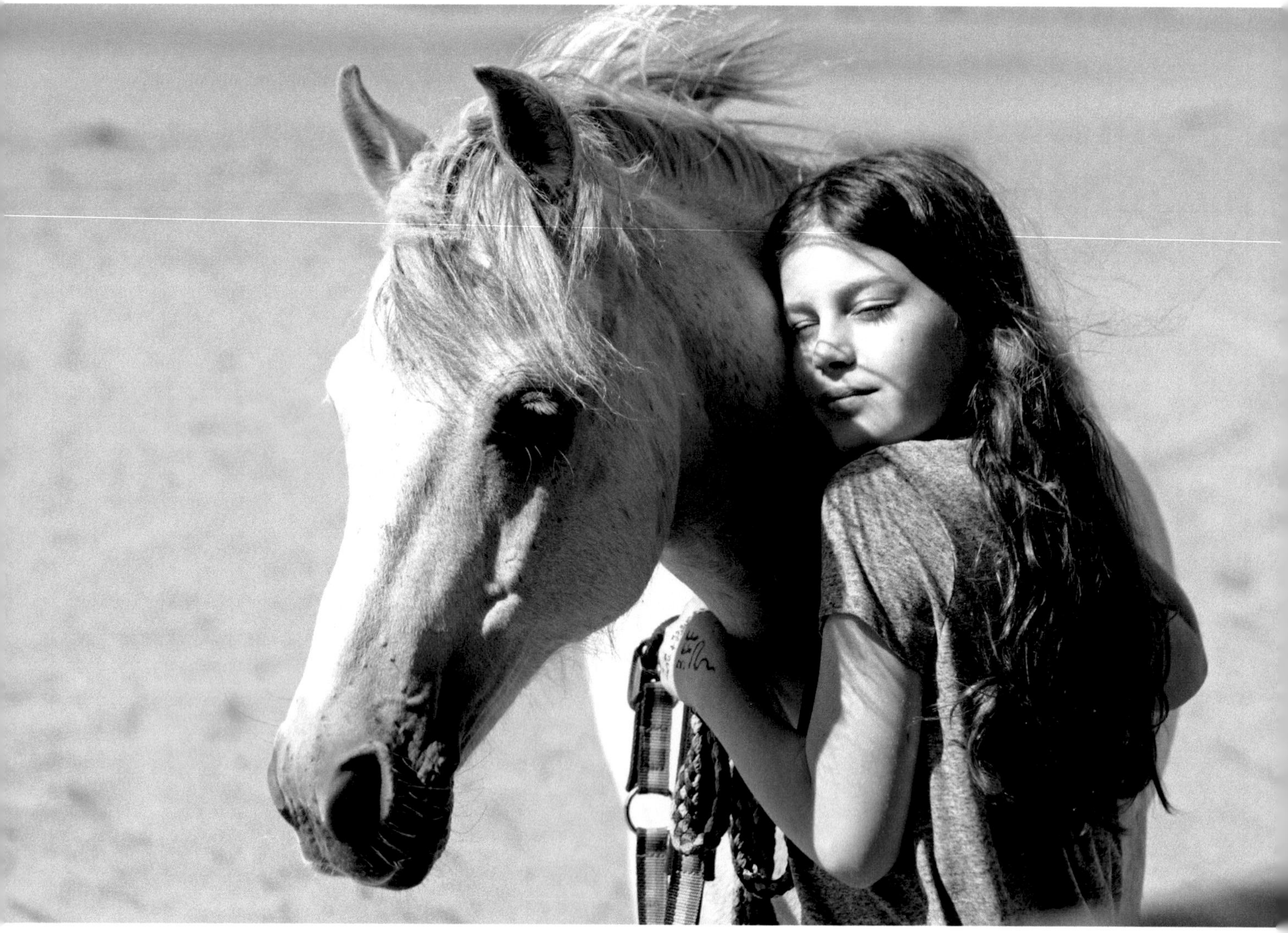

Helena (11 Jahre)
Deutschland

Den Moment, in dem ich zum ersten Mal galoppierte, werde ich nie vergessen. Es war ein Gefühl wie zu fliegen. Leicht, konzentriert, nur ich und das Pferd. Alle Bewegungen passten sich einander an.

Ich bin glücklich, dort wo ich bin, am meisten aber bei den Pferden und Katzen, wenn ich mit meinen Freundinnen Leni, Carla und Anna spiele und wenn ich bei meinem Opa bin. Mein Opa hat mich noch nie angemeckert. Ich spiele mit ihm immer Uno und bin sogar etwas besser als er. Er kocht immer für mich. Keiner kann so gut kochen wie er. Er hatte früher zusammen mit meiner Oma ein Restaurant. Wenn ich gute Noten habe, geht er mit mir shoppen. Das Einzige, was nicht so gut ist, er kauft mir immer so viel Schokolade. Schokolade macht dick. Sonst wünsche ich mir, dass ich noch neutraler und kontrollierter bin. Ich bin ja Schullotsin. Wenn ich etwas überhaupt nicht leiden kann, dann ist es das Gefühl zu wissen, ich hätte es besser schaffen können, es aber nicht getan habe. Mein richtig großer Traum ist es, später einen Ferienhof zu haben, mit Reitunterricht. Norwegen wäre auch noch ein Traum. Über Norwegen habe ich einen Film gesehen und das erste Pferd, was ich geritten habe, war auch ein Norweger, aber bis dorthin will ich erst einmal das Reitabzeichen „6" machen und einfach reiten, sattelfest sein, Freunde haben und jemanden, den man liebhat.

Anji (12 Jahre)
Deutschland

Ich möchte Automechanikerin werden oder Reitlehrerin. Ich habe mich noch nicht richtig entschieden, aber eigentlich will ich noch nicht zurück zur Gruppe. Können wir noch etwas hierbleiben? Weißt du, meine Schwester hat ein anderes Zuhause. Ich darf aber nicht bei ihr schlafen, weil ihr Bett zu klein ist. Hier sagen sie oft Anji zu mir, obwohl ich „Änji" ausgesprochen werde. Ich liebe Perlen und Wolle. Was ich dann noch liebe, kann ich dir auf meinen Fotos zeigen. Meine Mama … sie ist verreist. Wenn sie zurückkommt, besuche ich sie. Oft fühle ich mich allein, aber manchmal mag ich es auch allein zu sein. Manchmal bis oft habe ich Bauchschmerzen. Aus der Gruppe mag ich den neuen Praktikanten. Er hat gestern mit mir gemalt und gebastelt. Es war so schön und er hat meinen Namen richtig ausgesprochen. Das hat Spaß gemacht. Gestern war ich glücklich. Wenn du willst, kann ich dir beibringen, wie man aus Wolle Armbänder machen kann. Ich habe ein ganzes Wollknäuel. Guck mal, die arme Fliege. Sie hat etwas mit ihrem Flügel. Sie krabbelt und fliegt nicht. Wenn ich groß bin, möchte ich gern ein Haus, Kinder und viel öfter Königsberger Klopse essen. Hast du gesehen, ich habe so einen großen Splitter in meinem Bein gehabt und ihn ganz alleine rausgezogen. Das war gar nicht schlimm. Was mich sonst noch glücklich macht, ist, Pusteblumen auszupusten. Ich kann euch meinen Lieblingssee zeigen. Da sitze ich stundenlang und höre den Fröschen zu. Das ist mein magischer Lieblingsort. Da sitze ich und denke nach und höre die Frösche. Gestern beim Malen habe ich mich glücklich gefühlt und heute auch. Lauft bitte nicht so schnell zurück. Können wir noch ein bisschen hierbleiben? Ich habe euch noch nicht alles gezeigt.

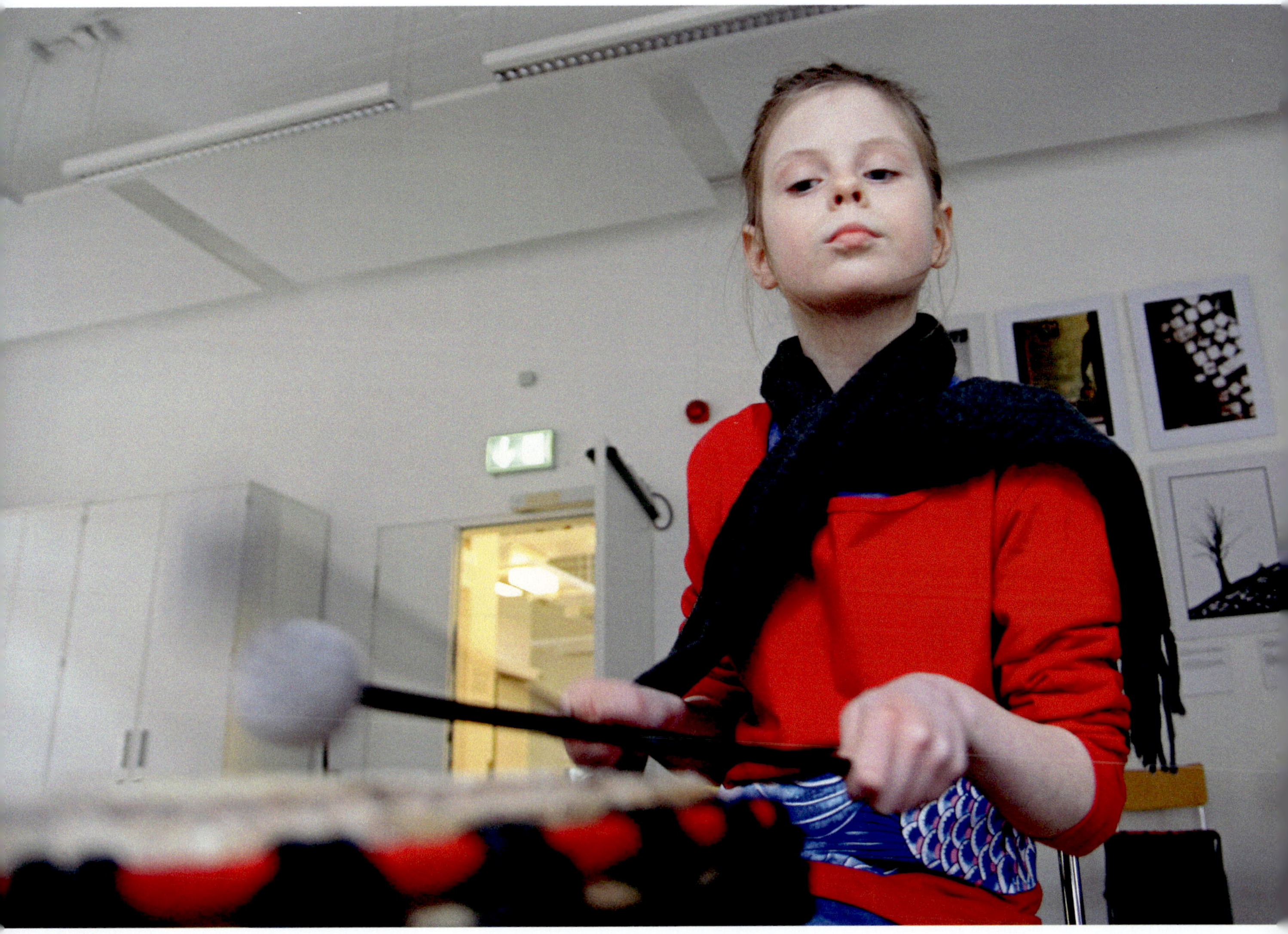

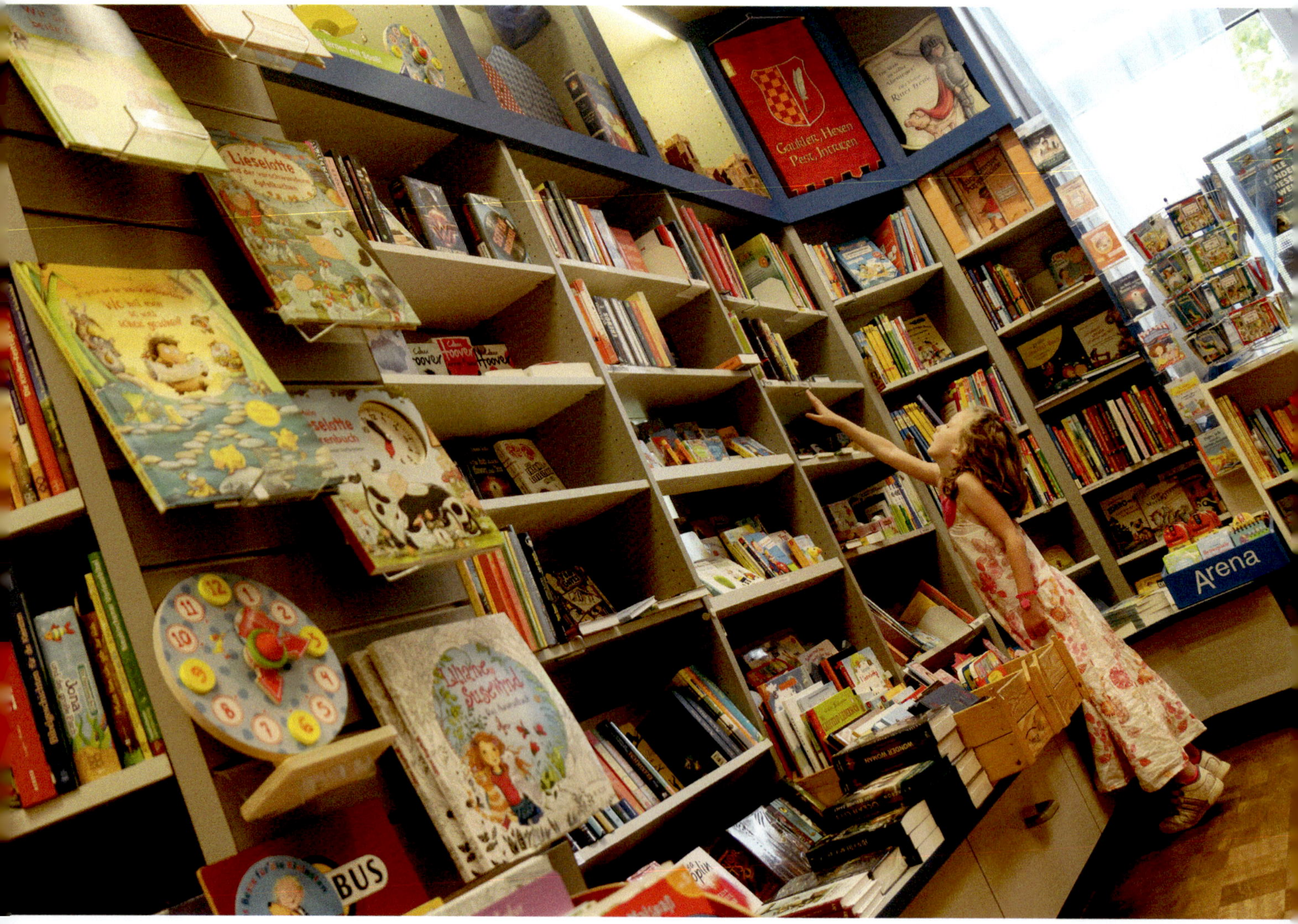
Lieselotte
Gaukler, Hexen
Pest, Intrigen
Arena
BUS

Konstantina Almuth Riebschläger (8 Jahre)
Deutschland

Ich liebe Bücher, meine Mama und meinen Papa, meine Schwester Thorid und Oliven. Einmal stand ich auf dem zweithöchsten Berg von Mallorca und ich habe die Wolken gesehen. Ich war zwischen ihnen. Ich bin sehr froh, dass ich Wolken so nah sehen konnte. Bis jetzt war ich auf Mallorca und Zypern. Ich liebe Griechenland, Rom und Ägypten. Griechenland wegen der Götter, Ägypten wegen der Pyramiden und Rom einfach so. Ich mag es, immer neue Bücher zu lesen, aber am meisten mag ich mein Buch von einem Einhorn. Später will ich Künstlerin werden und viel reisen. Und jetzt mag ich es, mit meiner Schwester Thorid im Garten zu spielen. Wir sind dann Superhelden und Anführer von unseren Kuscheltieren. Frei wählen zu können, was ich machen möchte, macht mich glücklich, aber bei verbotenen Sachen, müssen die Eltern sagen, was erlaubt ist und was nicht.

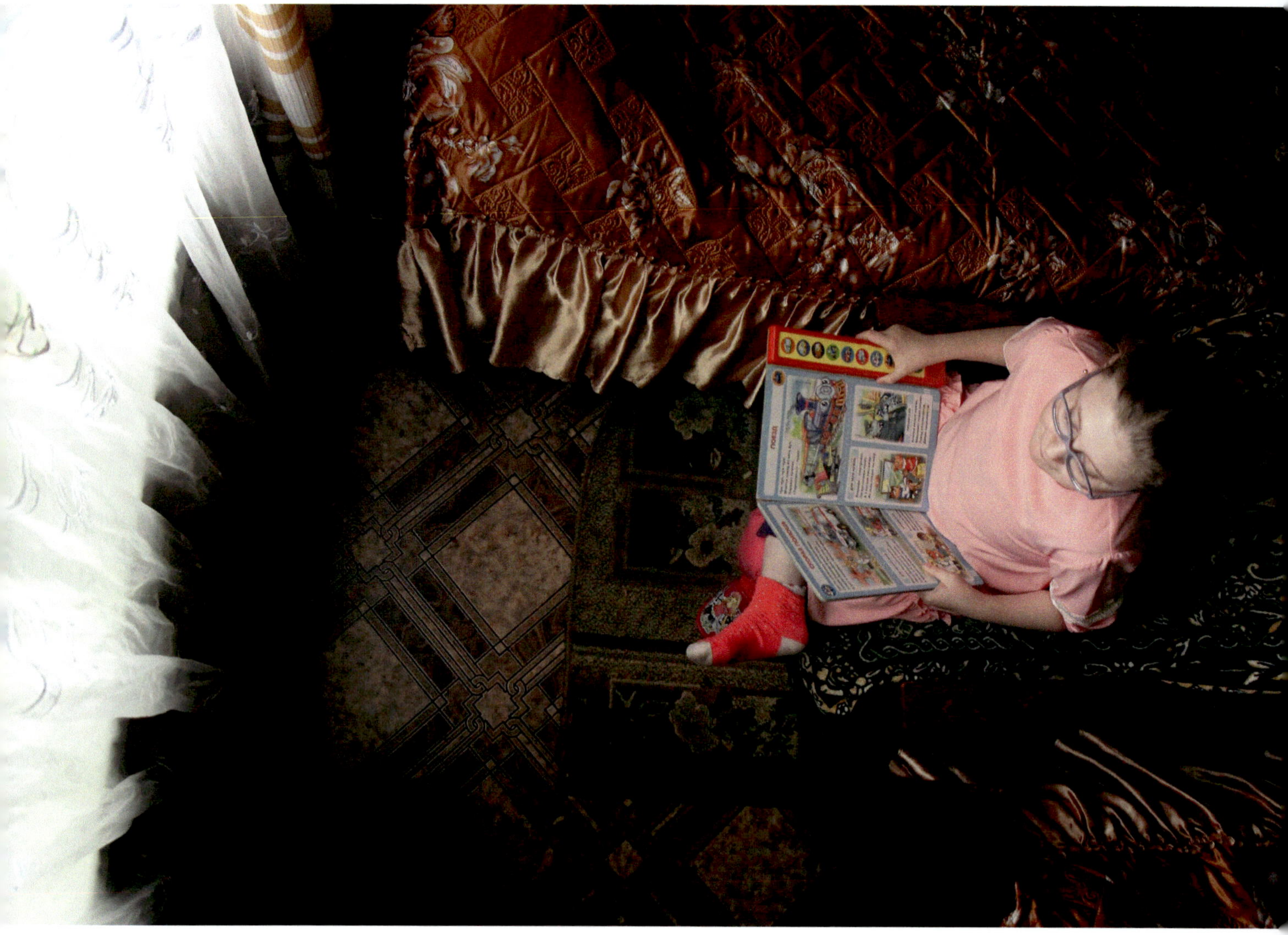

Anastasia Pererwa (13 Jahre)
Russland

Die Wichtigste auf der Welt, das ist meine Oma und sie soll das ganze Leben bei mir sein. Ich möchte keine Kriege, weil meine Oma wahnsinnige Angst vor ihnen hat. Regenbogen und Seifenblasen faszinieren mich. Wenn die Sonne scheint, haben sie verschiedene Farben. Die sind sehr schön. Ich möchte so sehr lernen, zu lesen und zu malen. Dann kann ich schöne Regenbögen malen und ich kann meiner Oma Märchen vorlesen. Bis jetzt muss sie das immer für mich tun. Ich würde dann im Sessel sitzen, hinter dem Fenster wäre ein Regenbogen, im Zimmer schwebten Seifenblasen und in meinen Händen hielt ich das Buch und neben mir würde meine Lieblingsoma Babula sitzen. Das ist Glück.

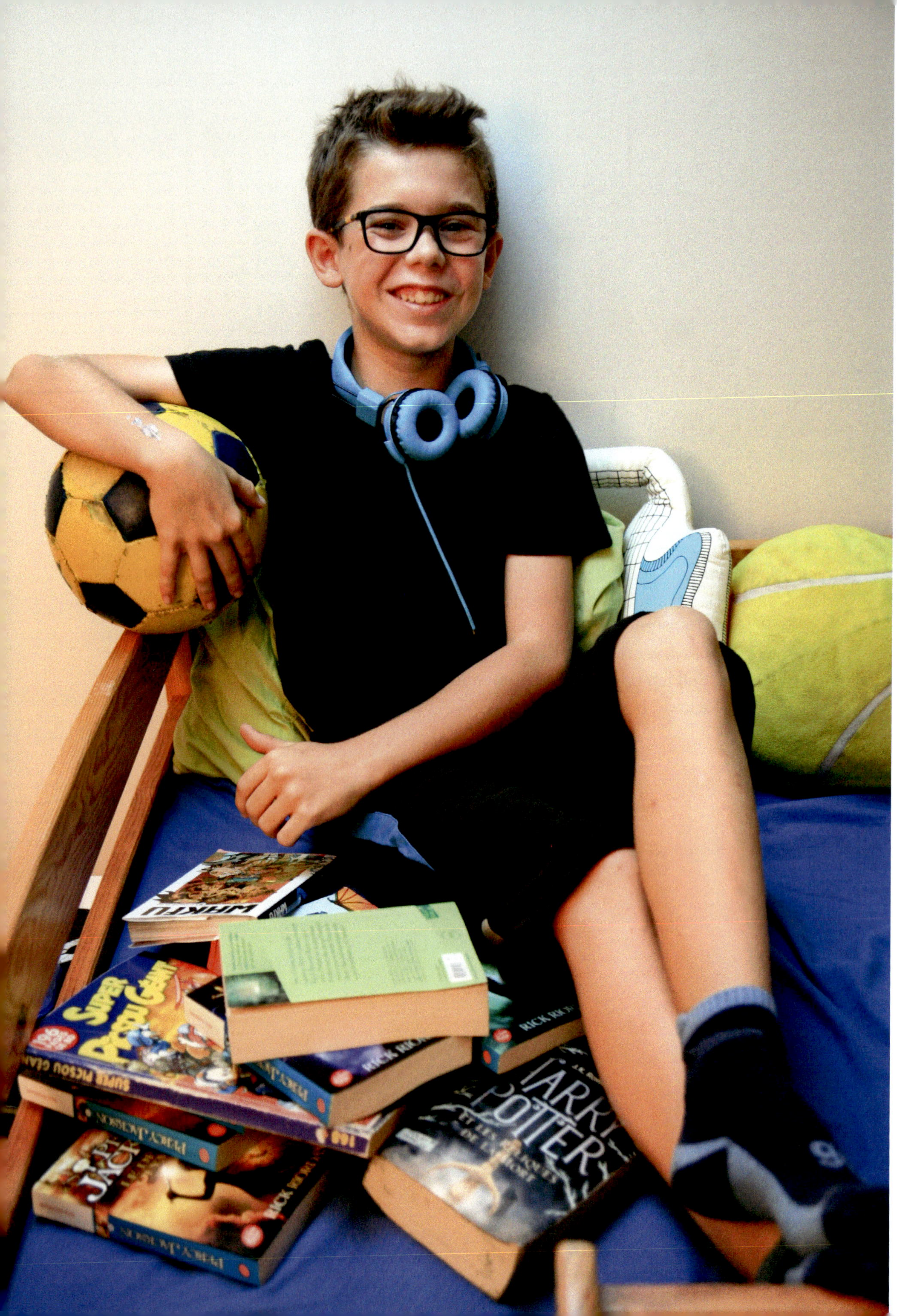
WAKFU
SUPER PICSOU GÉANT
PERCY JACKSON

Thomas (12 Jahre)
Frankreich

An meinem 11. Geburtstag bin ich mit Vater nach London gefahren und ins Harry Potter Studio gegangen. Das werde ich niemals vergessen. Ein Tag voller Freude, gemeinsam mit anderen Freunden. Ich habe auch ein Lieblingsweihnachten. Das war, als die ganze Familie bei uns gefeiert hat. Zuerst sind wir schlafen gegangen und um Mitternacht wurden wir geweckt und durften die Geschenke auspacken. Um 2 Uhr sind wir dann wieder schlafen gegangen und die ganze Weihnachtszeit über haben wir mit der Familie verbracht. Mit den Menschen, die wir sonst nicht so oft sehen. Das ist für mich Leben und Leben genießen.
Ich glaube, es gibt kein Glück ohne Traurigkeit. Sonst wäre es nur weiß und ich brauche Farbe im Leben. Wenn immer alles nur weiß wäre, wüsste man nicht, was gelb, grün und blau ist. Wenn man nie traurig ist, weiß man gar nicht, was es bedeutet, glücklich zu sein. Später möchte ich nicht reich und nicht arm sein. Hauptsache gesund. Gesunde Kinder bekommen, eine Arbeit finden, die mir gefällt, genug zu essen und Spaß haben.
Nicht allein sein.

Matheo (6 Jahre)
Kuba

Der Tag, an dem ich geboren wurde, war der beste in meinem Leben.
Ich kann auf alles in meinem Leben verzichten, nur nicht auf meine Freunde. Ich bin den ganzen Tag mit den Jungs draußen unterwegs. Was ich noch möchte? Ich freue mich über vieles. Schokolade, ein Lächeln oder Fußball. Ich liebe es, Fußball zu spielen.
Du fragst mich, ob ich ein Handy oder ein iPad habe? Nein, so etwas besitze ich nicht. Ich würde diese Dinge auch nie gegen meine Freunde oder meinen Fußball tauschen wollen. Am Abend, wenn ich mit meiner Familie Reis mit Bohnen esse, freue ich mich schon auf den nächsten Tag, weil ich weiß, dass ich dann alle meine Freunde sehe und am Abend spiele ich dann Fußball, Fußball, Fußball.
Und danke für die Schokolade. Darf ich die mit meinen Freunden teilen?

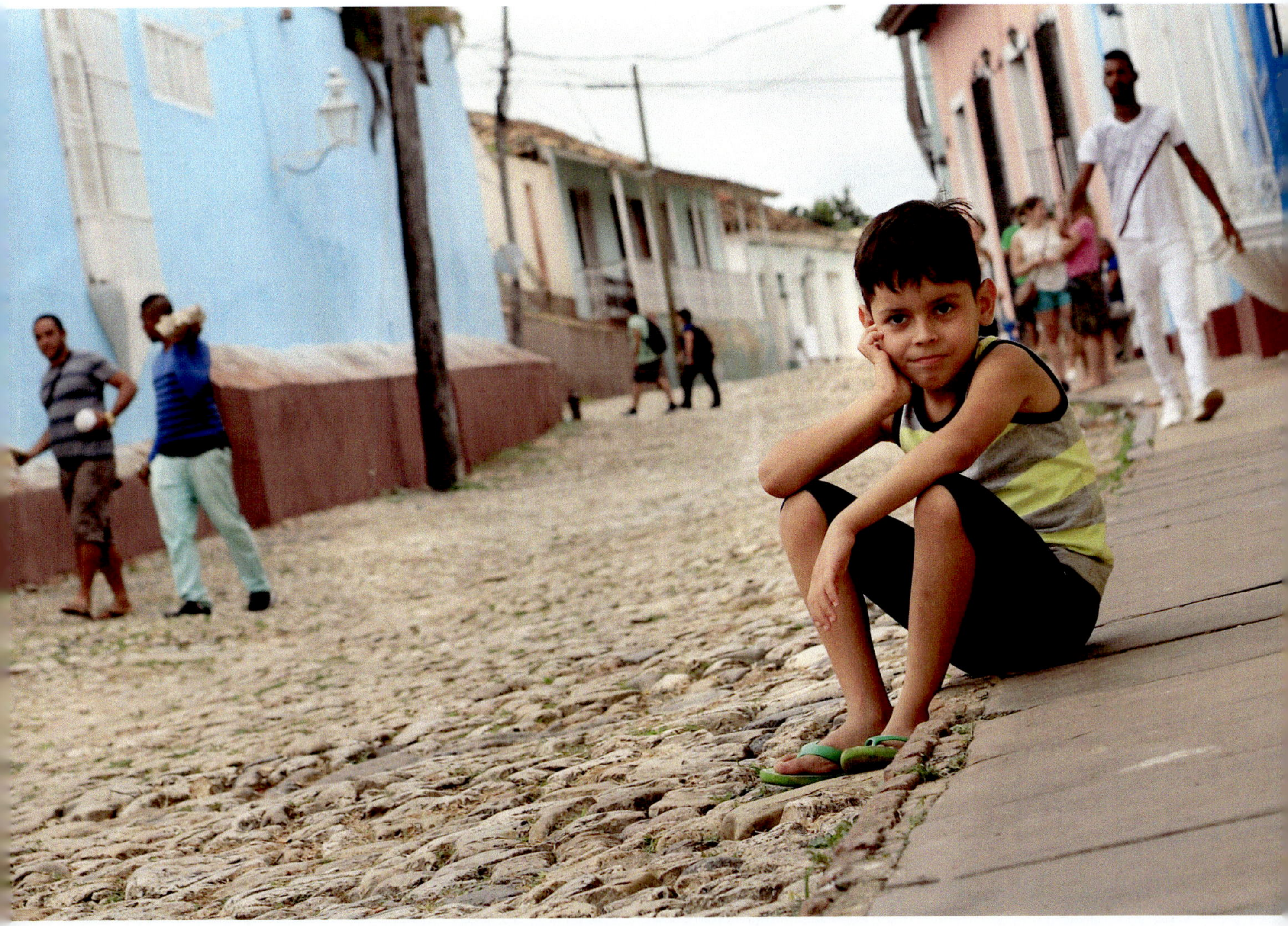

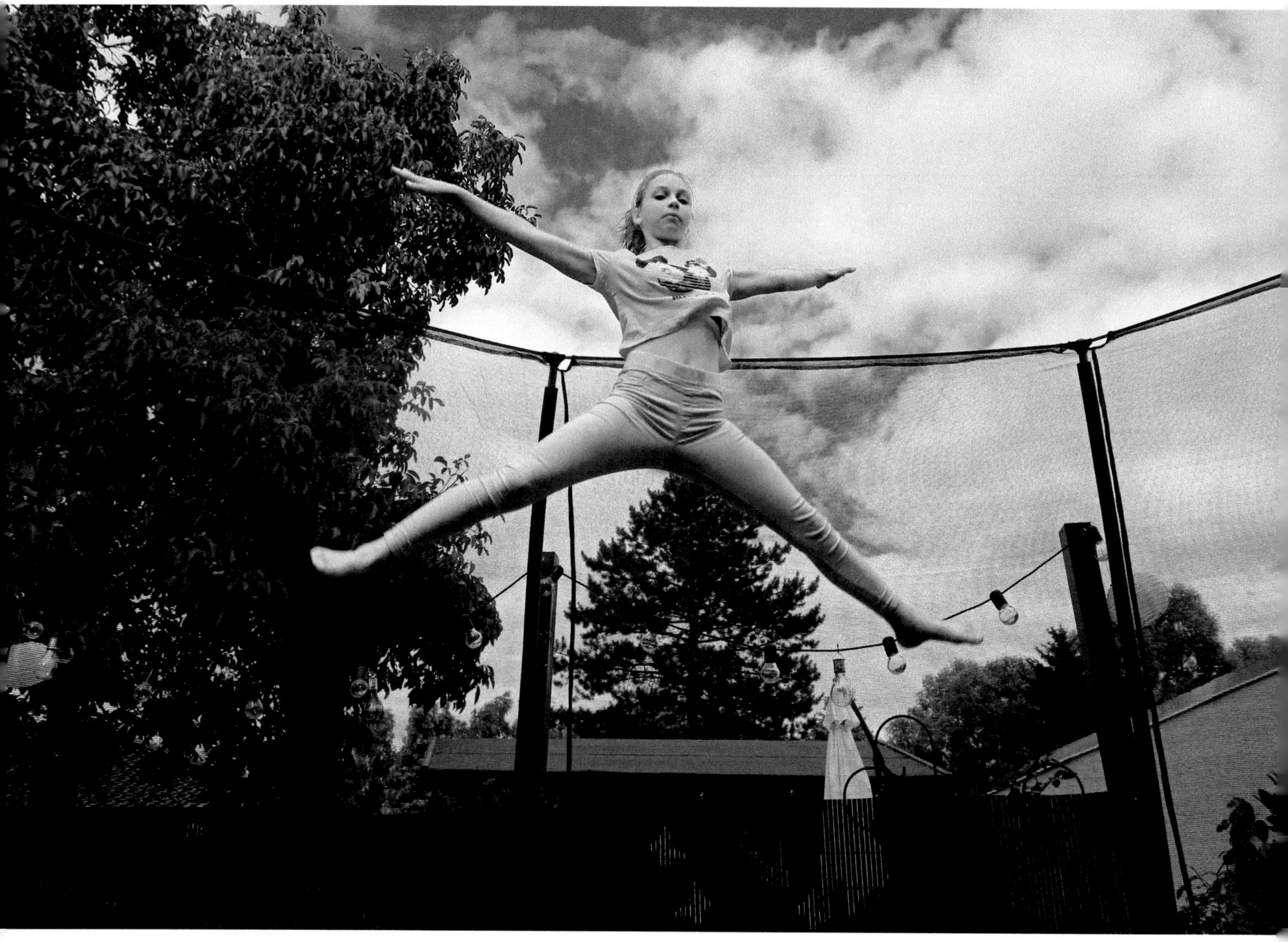

Celine (14 Jahre)
Deutschland

Glücklich ... sehr glücklich war ich an meinem 12. Geburtstag. Lydia hatte für mich eine Überraschung vorbereitet. Eine Fahrt nach Kroatien. Direkt an meinem Geburtstag sind wir losgeflogen und dort hat auf mich eine noch größere Überraschung gewartet.
Die werde ich nie vergessen. Wir saßen in einem großen Raum und aßen und irgendwie haben die Leute dort mitbekommen, dass ich Geburtstag habe und alle haben auf einmal für mich gesungen. Völlig fremde, unbekannte Menschen.
Irgendwann später möchte ich Kindergärtnerin werden. Ich liebe es, mit kleinen Kindern zu spielen und sie zu trösten. Jeden Mittwoch gehe ich zur Akrobatik und auch zu Hause liebe ich es auf dem Trampolin zu springen, ganz hoch und eine Rolle in der Luft zu machen. Es entspannt und macht mich glücklich. Glücklich macht mich auch oft Lydia, obwohl sie im Monopoly spielen immer noch besser ist als ich.

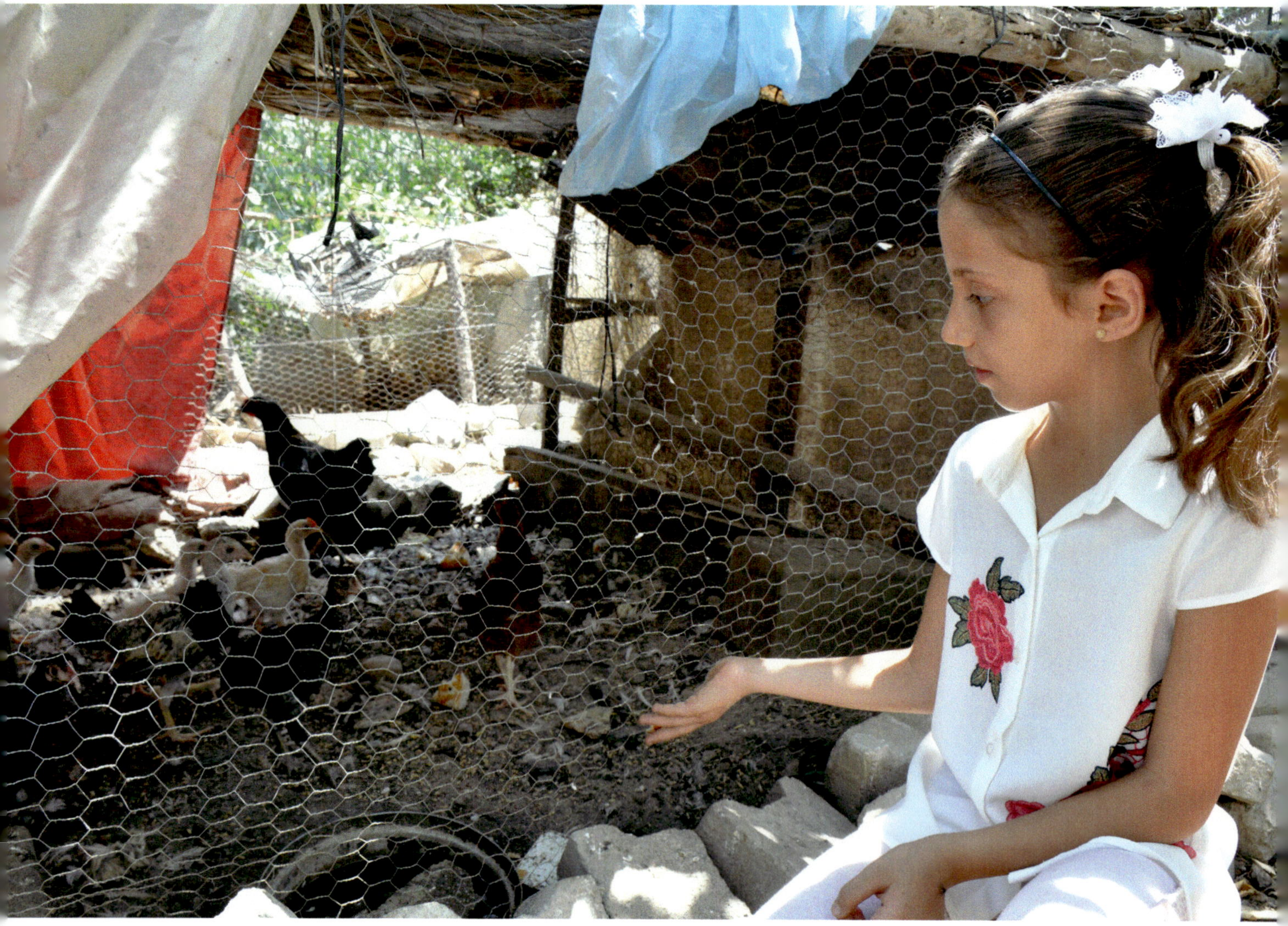

Hacer Büyüktas (9 Jahre)
Türkei

Ich hoffe, wir fahren bald nach Hatay, um Opa zu besuchen. Wir leben weit weg von Hatay und ich sehe meinen Opa so selten. Ich habe eine sehr gute Familie. Meine Mama backt mir Kuchen und Papa gibt mir Taschengeld, aber ich vermisse meinen Opa sehr. Ich würde mich so sehr freuen, wenn die ganze Familie zusammenleben könnte. Opa, meine Eltern, die Geschwister und ich. Taschengeld, Spiele und Kuchen sind auch schön, aber wirklich wichtig wäre mir, wenn Opa mit uns lebte.

Ajur Nimajev (14 Jahre)
Russland

Ich bin von den üblichen morgendlichen Geräuschen aufgewacht. Ich öffnete die Augen und sah meinen Vater. Du hast jetzt noch einen Bruder, sagte er und lächelte. Kurz schloss ich meine Augen und öffnete sie wieder, um zu verstehen, ob ich träumte. Mein Vater stand aber noch immer in meinem Zimmer und hatte immer noch dieses glückliche Lächeln. Ich blickte zum Fenster und auch die Sonne lächelte mich an. Sie hatte heute meinen Bruder Arsalan sicher genauso begrüßt. Normalerweise hält sich die Sonne im April noch sehr zurück. Heute hätte man eher denken können, dass wir schon Juni haben. Ich fühlte mich wie an dem Tag, als ich den Preis „Buchebarilgaan" gewonnen hatte und wie an dem kalten Januarmorgen, als mein Bruder Megren zur Welt kam. An diesem Tag schien die Sonne, wie heute, wie an einem schönen Junimorgen. Später, als ich zum ersten Mal seine winzigen Hände betrachten konnte, hatte ich mir vorgestellt, wie stolz er auf mich sein würde, wenn ich Olympiasieger werden würde. Meine Mutter träumt aber davon, dass ich Arzt werde. Ganz ehrlich, ich möchte aber viel lieber ein mutiger Kampfsportler sein. Ich möchte ein mutiger und fairer Kampfsportler sein, auf den die ganze Familie stolz sein kann. Und wenn ich später von einem Kampf nach Hause komme, dann werden zu Hause auf mich auch eine Frau und Kinder warten, die an so sonnigen Tagen geboren wurden wie heute. Vielleicht bringt meine Lieblingsoma meiner zukünftigen Frau bei, wie man Arsa so kochen kann, wie sie das macht. Niemand kann das so wie meine Oma. In den kurzen, aber heißen burjatischen Sommern löscht nichts so gut den Durst wie Arsa. Wir werden alle zusammen im engen Familienkreis sitzen und Arsa trinken, während um mich herum die zukünftigen Olympiasieger spielen. Das wird alles aber erst später sein. Jetzt muss ich meine Eltern zuerst davon überzeugen, dass Olympiasieger zu sein, nicht schlechter ist, als Arzt zu werden. Genau wie die Januarsonne, die mit demselben Licht scheint wie im Juni. Nur, dass sie im Juni höher am Himmel steht.

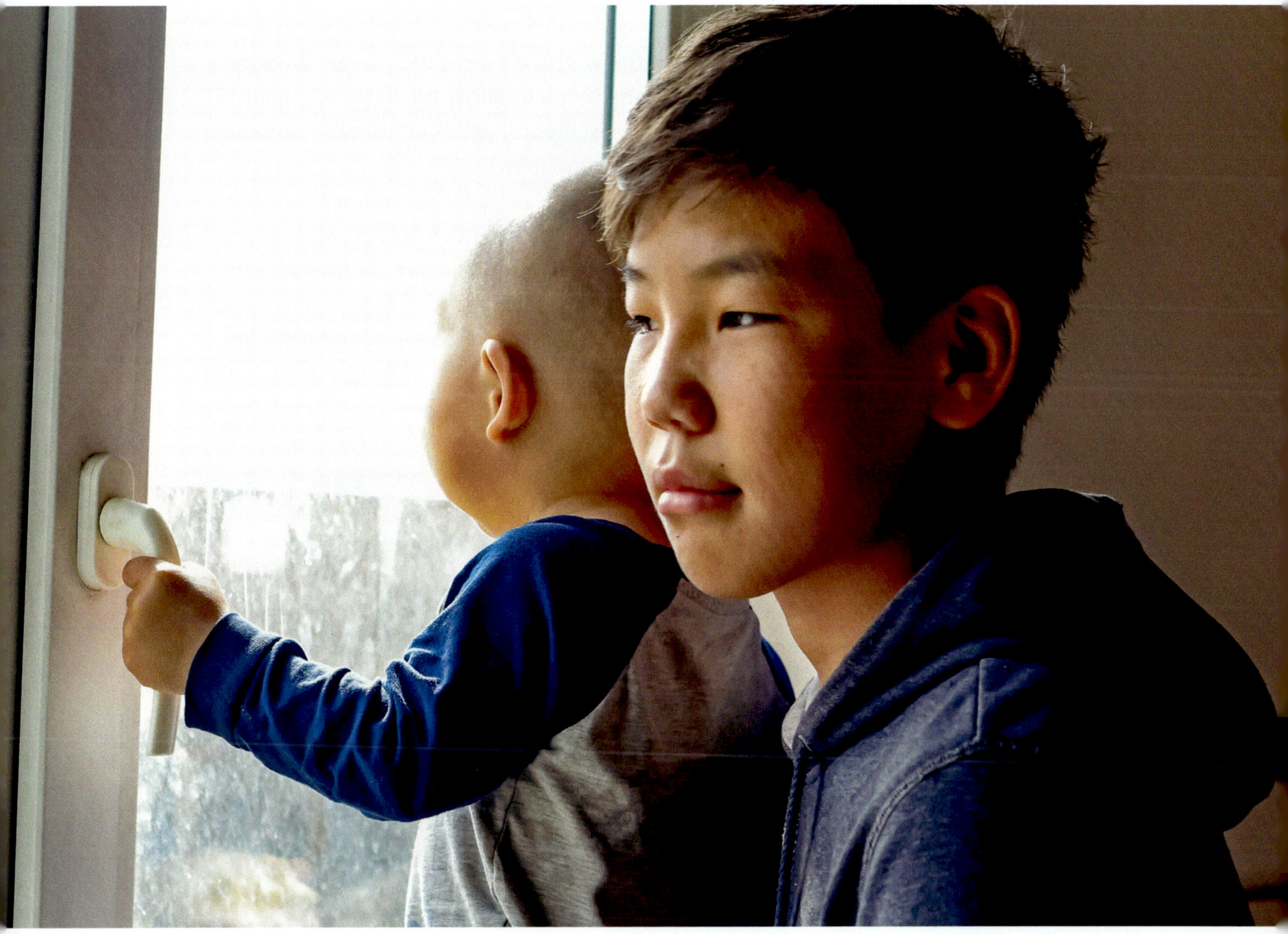

Lisette (12 Jahre)
Deutschland-Frankreich

Den Mädchentag, den ich mit meiner Mama hatte, werde ich nicht vergessen. Sie sagte, Papa und sie kommen wieder zusammen. Ich habe ihr nicht geglaubt. Ich hatte diese Vorstellung schon lange aus meinem Herzen ausgeschlossen, aber es stimmte und mein Glück war vollkommen. Das war der schönste Tag in meinem Leben.
Beide Eltern zusammen, hoffentlich für immer.
Zu viel Geld kann nicht glücklich machen. Wenn ich plötzlich sehr viel Geld hätte, würde ich es meinen Eltern geben. Sie könnten sich dann kaufen, was sie sich wünschen. Dann hätte ich noch für Flüchtlinge gespendet und mir vielleicht auch eine kleine Freude gemacht und zwar ein Handy. Später einmal möchte ich in einer Organisation arbeiten, die Geld spendet, Flüchtlingen hilft und Dinge tut, die andere Menschen glücklich macht.
Ich habe zwei Heimatländer, Frankreich und Deutschland. In Berlin wohne ich und in den Ferien fahre ich nach Frankreich. Ich spreche auch beide Sprachen. Zwar habe ich nicht so viele Freunde, aber dafür sind es nur richtig gute. Ich habe viele Interessen. Ich spiele Gitarre und reite und ich hasse es zu streiten. Ich entschuldige mich nach einem Streit auch dann, wenn ich nicht schuld bin, einfach weil ich es nicht aushalten kann.
Ich glaube, wenn man etwas gibt, bekommt auch immer etwas zurück.
Deshalb liebe ich Weihnachten, weil ich da Geschenke machen kann. Ich liebe Geschenke, die von Herzen kommen. Ich schenke immer von ganzem Herzen.
Manchmal bin ich mit meinen Eltern nicht einverstanden, aber ich weiß, dass ich eine gute Erziehung bekomme und weißt du auch warum? Weil ich später immer merke, dass Mama recht hatte. Ich habe die besten Eltern bekommen, die es gibt und jetzt sind sie auch wieder zusammen. Weißt du, was mich richtig glücklich macht? Wenn ich mal nicht schlafen kann und Angst habe, dann sagt mein Papa nicht, Lisette da musst du jetzt durch. Er überlegt immer, was man machen kann und wenn nix anderes geht, dann darf ich auch einmal bei meinen Eltern schlafen.
Später möchte ich einen Bauernhof und eine tolle Familie haben.
Ich bin jetzt glücklich und möchte es auch später sein.

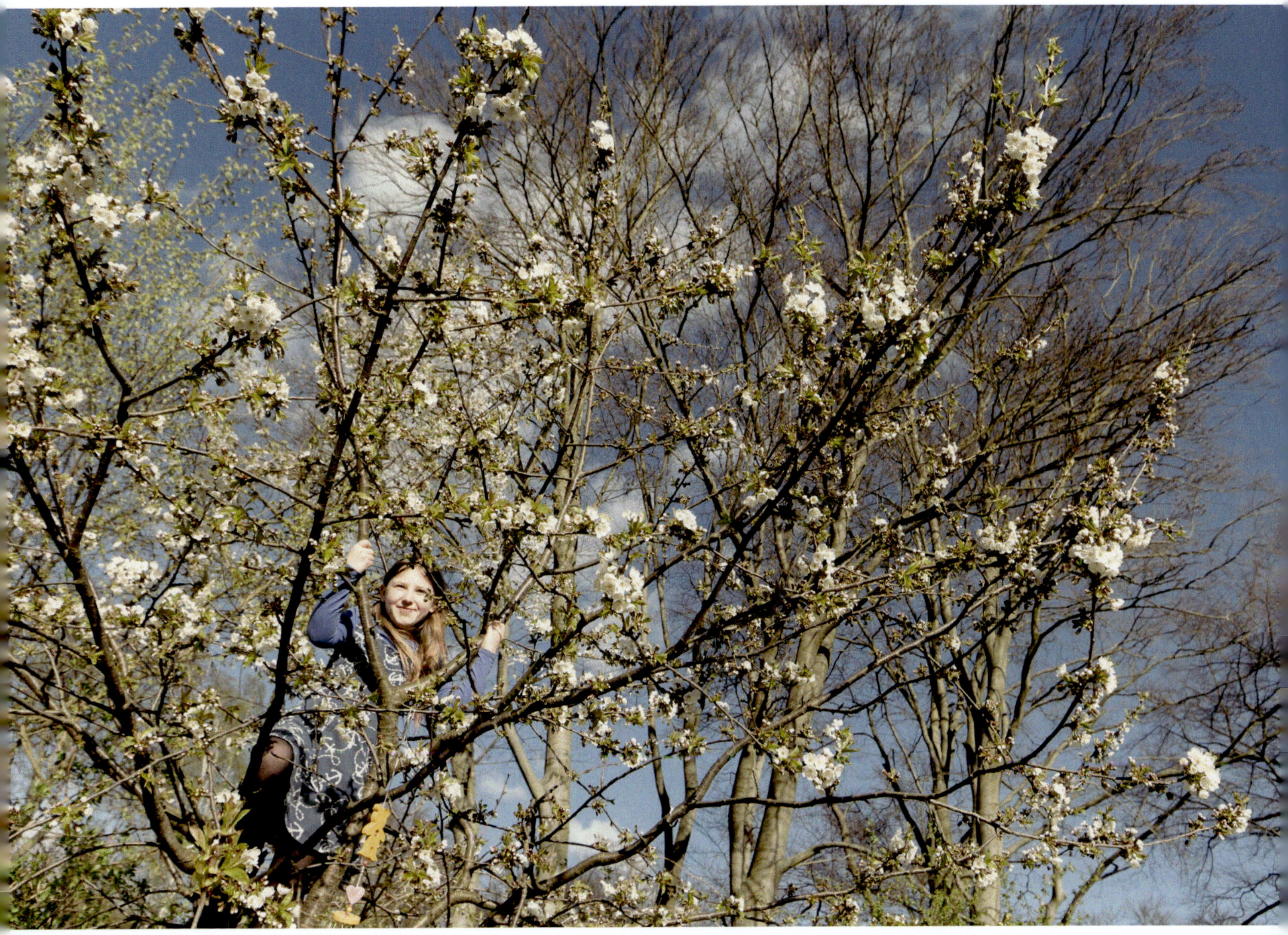

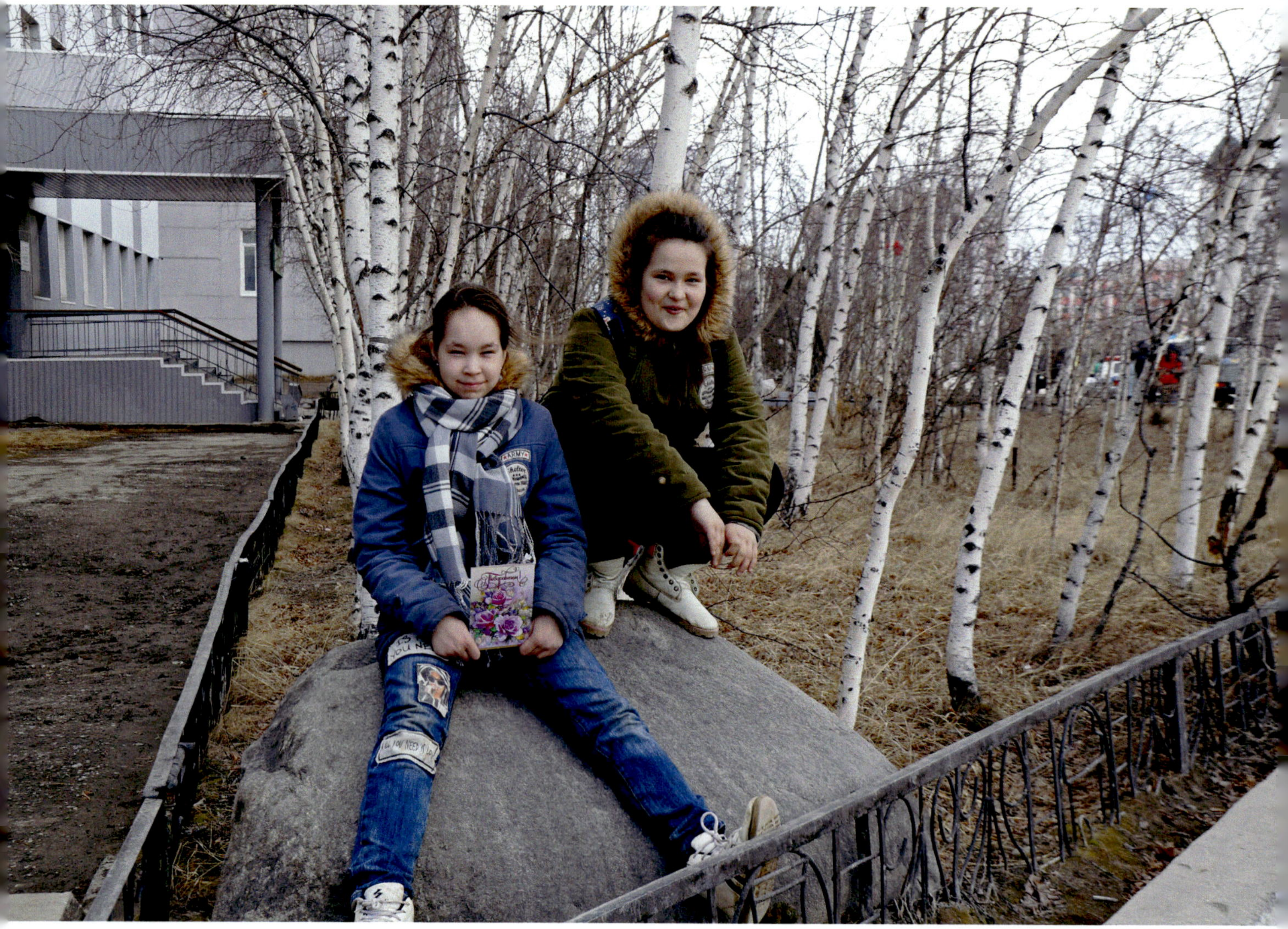

Aljona Jakowlewa (13 Jahre)
Jakutien

Ich lebe in Jakutien. Das ist die kälteste Region. Wir haben hier im Winter oft Temperaturen unter -60°C, aber ich habe keine Angst vor der Kälte, weil es bei mir zu Hause immer sehr warm ist. Wenn ich draußen im Schnee und in der Kälte nach Hause laufe, verkleben die Wimpern vom Frost und der Schal ist weiß vom gefrorenen Atem. Ich weiß aber, dass zu Hause die ganze Familie auf mich wartet. Sie ist das Wichtigste für mich und ich möchte, dass sie immer zusammenbleibt und sich niemand streitet. Die warme Suppe steht auf dem Herd und ich freue mich schon auf den heißen, süßen Tee.
Von Weitem sehe ich bereits das Licht im Küchenfenster.
Auf dieses Licht freue ich mich jeden Tag.

Felix
Deutschland

Ich bin ein positiver Mensch. Ich unterhalte mich gern und ich mag es, in meinem Zimmer zu sein. Das ist mein Reich und ich kann dort machen, auf was ich Lust habe. Im Leben muss man viel machen, was man machen muss, zum Beispiel Stecker nach Farben sortieren oder nicht so oft rausgehen können, weil der Rollstuhl für draußen repariert werden muss. Mit dem Zimmerrolli ist es so holprig, dass einem schwindelig werden kann.
Ich wünsche mir, den Führerschein zu machen. Wenn ich schon nicht laufen kann, dann gerne Auto fahren. Glücklich macht mich, wenn ich das Gefühl von Freiheit habe und Entscheidungen selber treffen kann, den Sonnenuntergang anschauen kann, wenn ich es möchte, ins Restaurant gehen, rausgehen und das alles, wenn ich möchte und nicht, wenn ich kann. Mein Zimmer ist mein Reich. Hier bin ich Cesar, Julius Cesar. Der, der alles kann, was er möchte und später Polizist oder Rechtsanwalt werden will.

73

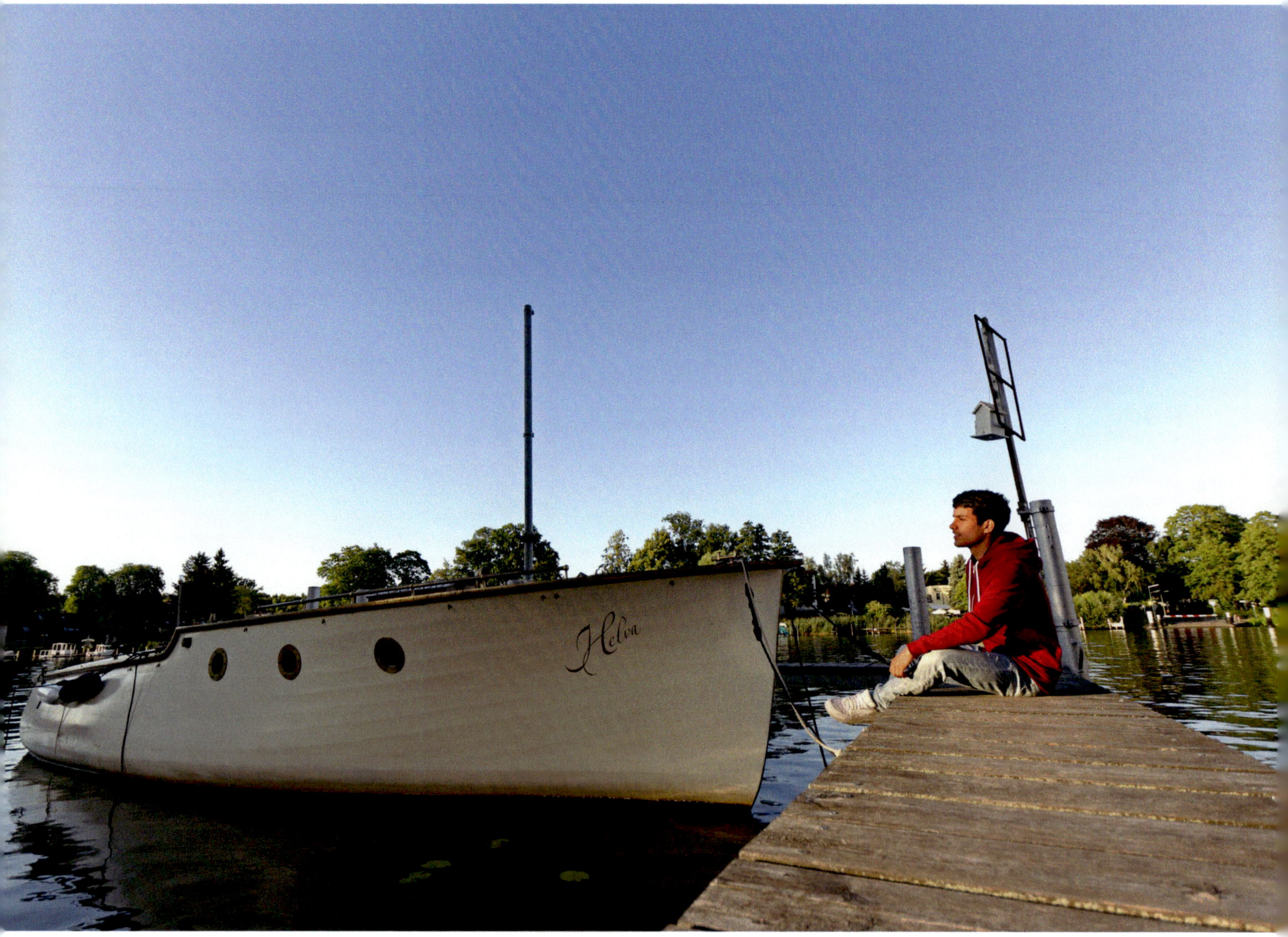
Helva

Miguel (16 Jahre)
Mexiko

Du wirst vielleicht lachen, aber der glücklichste Moment, bei welchem ich Glück ganz bewusst erlebt habe, war der Moment, als Mexiko Kroatien im Fußball bei der WM 2014 geschlagen hat. Ich saß mit meiner Familie, alle waren zusammen und alle waren glücklich. Ich bin glücklich, wenn meine Familie glücklich ist. Ich liebe meine Mutter über alles. Sie weiß es vielleicht nicht, ich werde sie immer lieben. Ich liebe es, Neues kennenzulernen. Wenn ich sehr viel Geld hätte, würde ich dies in Bildung investieren. Ich möchte später Medizin studieren und außerdem meine Familie unterstützen. Das ist mir sehr wichtig. Ansonsten brauche ich nicht viel, um glücklich zu sein. Einen Rucksack, die Ikone von der heiligen Mutter Maria und losziehen, neue Menschen kennenlernen und Geschichten aus der ganzen Welt hören. Manchmal trifft man unterwegs Menschen, die die gleichen Dinge mögen. Dann fühlt man sich verbunden, egal wo man lebt und welche Sprachen man spricht. Mein nächstes Ziel ist Frankreich. Ich möchte gerne sehen, ob der Eiffelturm wirklich so groß ist. Als ich zum ersten Mal Berlin gesehen habe, war ich erschrocken darüber, wie viele junge Menschen hier rauchen. Damit hatte ich nicht gerechnet. Bei uns in Mexiko wird Rauchen als sehr sehr schlecht angesehen und es rauchen nur Menschen, die ihr Leben nicht im Griff haben. Meist sind das Menschen aus sozial schwachen Familien. Außer meinen Erinnerungen habe ich auch noch meine Polaroid-Fotos. Es gibt mir immer ein besonderes Gefühl, mir eines von ihnen anzusehen.
Ich bin glücklich, dass ich dich kennengelernt habe. Ich bin es auch, wenn ich meine Mutter wiedersehe. Danach bin ich es, wenn ich nach Amsterdam fahre und dann, wenn ich in Frankreich bin. Wie du siehst, bin ich ein sehr glücklicher Mensch. Gott sei Dank. Danke, lieber Gott, dass ich so tolle Eltern habe, für diese wundervolle Welt und die Ikone in meinem Rucksack.

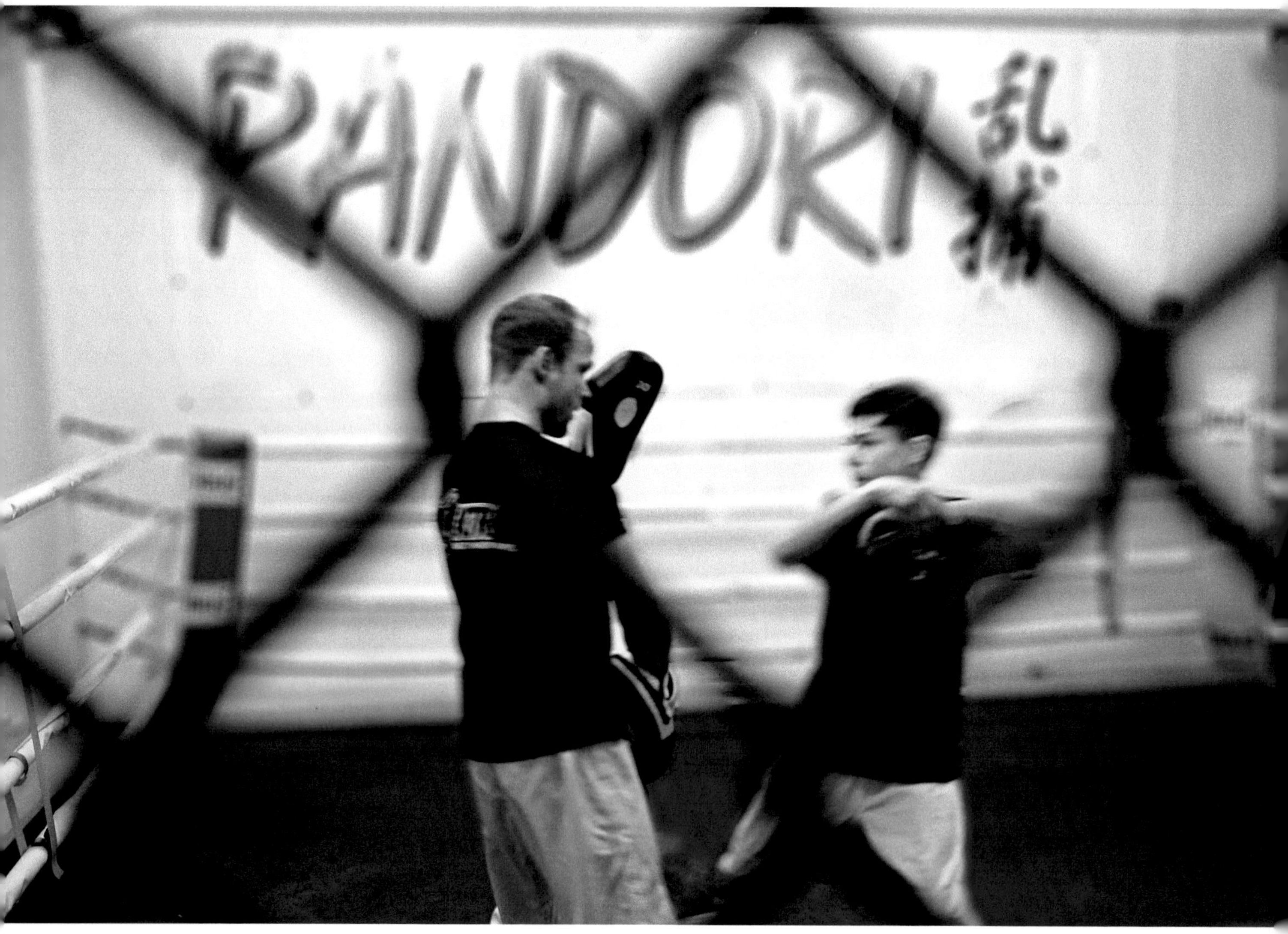
RANDORI

Fabian (16 Jahre)
Deutschland

Bis letzten August habe ich noch nie ein Baby im Arm gehalten. Im August kam Edwin zur Welt. Edwin ist mein Halbbruder. Ihn im Arm zu halten, hat mich mit Glück erfüllt. Ich habe auch Glück gehabt, dass ich auf die Welt gekommen bin. Meine Eltern haben mir erzählt, dass sie nicht mit mir gerechnet haben und ich nicht ihr Wunschkind war. Oh, dann habe ich ganz schön viel Glück gehabt, dass ich jetzt trotzdem da bin. Ich wünsche mir eine Kreuzfahrt. Anne war in ihren Flitterwochen auf einer Kreuzfahrt. Für mich ist das etwas nicht ganz Reales. Was ist eine Kreuzfahrt? Wie fühlt sich so eine Reise an? Na, irgendwann werde ich das erfahren. Später möchte ich Maler und Lackierer werden. Ich habe dafür Talent. Mein Stiefvater hat einmal zu mir gesagt, zieh dir eine Arbeitshose an und komm. Wir müssen deiner Mama beim Renovieren helfen. Ich habe mit ihm in fünf Tagen die ganze Wohnung geschafft. Er meinte, das war eine super Leistung. Mir hat das auch ganz viel Spaß gemacht. Wenn es mit der Malerausbildung nicht klappen sollte, dann möchte ich Maurer werden, wie mein Vater, aber das ist meine zweite Wahl. Mein Vater hat das Zimmer seiner Freundin in ein Luxuszimmer verwandelt. Wenn ich einmal Vater werde, werde ich mein Kind nie anbrüllen oder schlagen. Das tut weh. Gewalt ist keine Lösung und man verliert sein Kind. Mein Kampfsporttrainer ist mein Vorbild. Er hat mir gesagt, dass ich enorme Kraft habe und er hat mich gleich in die Erwachsenengruppe genommen. Wir haben viel Spaß miteinander. Mein Trainer hat mir Mut und Konzentration beigebracht, Selbstsicherheit und Vertrauen. Ich bin glücklich, weil ich herausgefunden habe, was mich glücklich macht. Dort kann ich mich von vielen Sachen ablenken. Manchmal laufe ich aber auch am Abend im Dunkeln auf dem Feld. Einfach nur, um die Stille zu genießen. Ich habe mich jetzt als ehrenamtlicher Helfer in der Kirche angemeldet. Die rufen mich an, wenn sie mich brauchen. Wovor ich mich fürchte? Die einzige Angst, die ich habe, ist, dass meinen Eltern etwas zustößt.
Ich wünsche mir, dass meine Eltern glücklich sind.

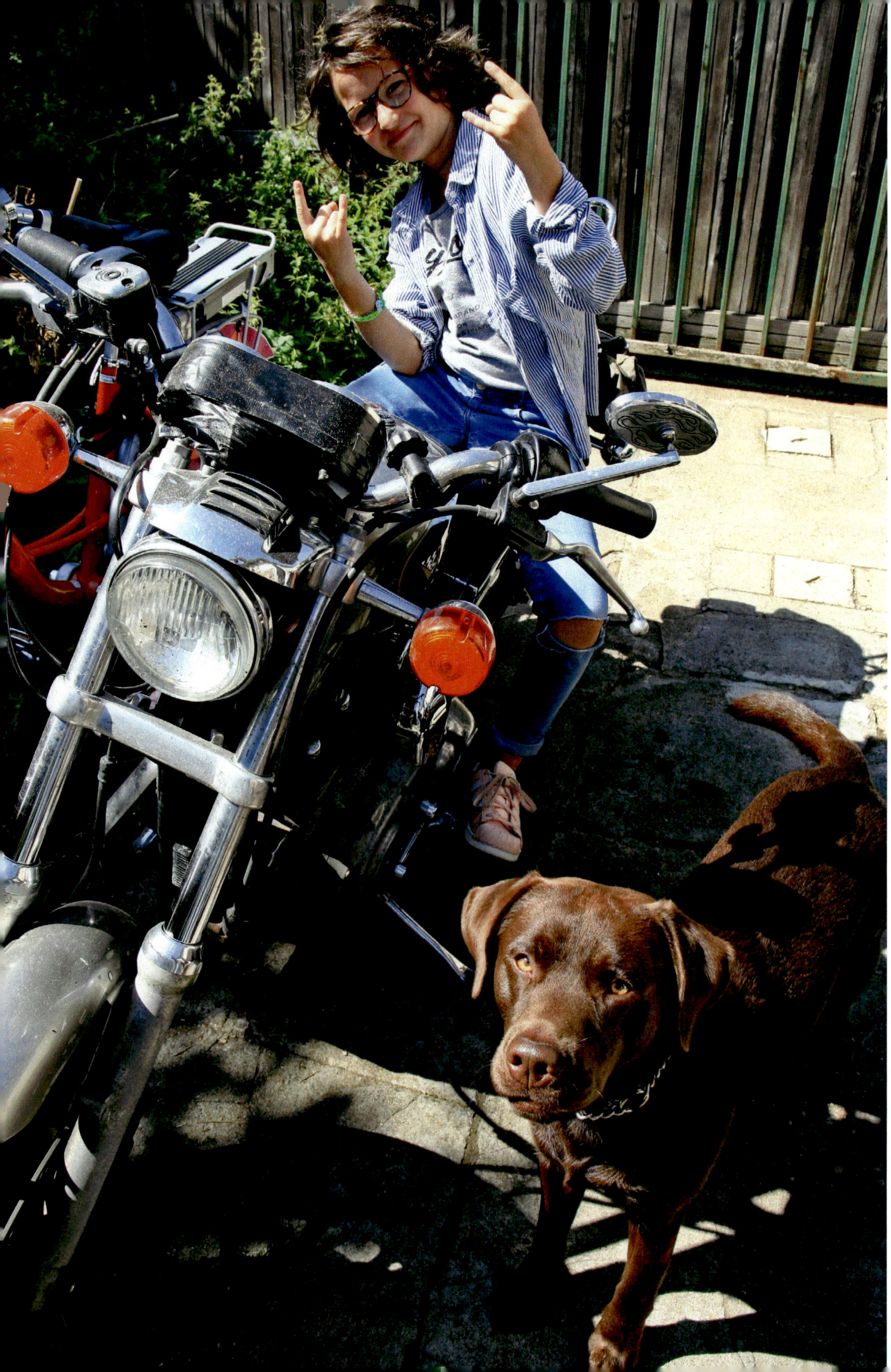

Zoé (10 Jahre)
Frankreich

Ein Interview führen ist cool. Ich fühle mich gerade wie ein Star. In diesem Jahr fühle ich mich besonders glücklich, denn ich werde bald beginnen, Krav Maga (Kampfsport) zu lernen. Ich habe einen neuen Haarschnitt und ich kann in den Pausen auf dem Schulhof mit meinen Freunden so viel Fußball spielen, wie ich will. Ich fühle mich wohl in meiner Haut und in meiner Umgebung. Ich glaube, was ich sage, ist trivial, aber alle Kinder brauchen Eltern und Freunde und alle müssen lernen, sich gegenseitig Liebe zu schenken. Dann wird alles gut.
Liebe ist wichtig und ich glaube, es ist dabei egal, ob man ein Kind oder erwachsen ist.

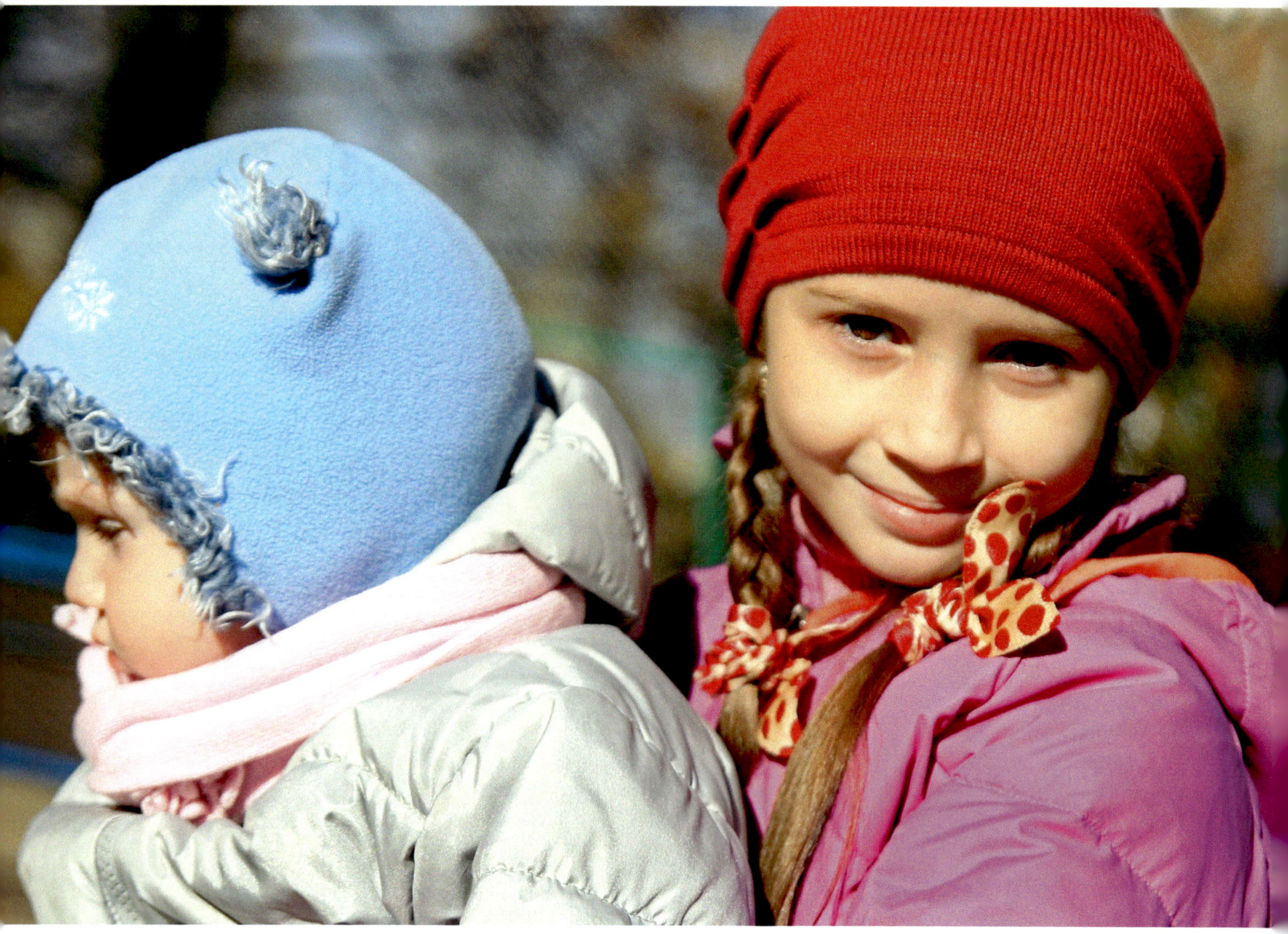

Alexandra Podoprigora (10 Jahre)
Russland

Ich mag es nicht, alleine zu sein. Ich denke dann manchmal, dass Mama nie mehr nach Hause kommt. Wenn ich allein war, habe ich gemalt, gemalt und gemalt. Ich habe gelernt, Geschichten zu malen. Ich habe Mama gemalt und andere Kinder und habe beim Malen gedacht, nun bin ich nicht allein. Jetzt ist alles anders. Mama ist jetzt immer zu Hause, weil ich eine kleine Schwester bekommen habe und ich muss nicht mehr allein sein. Ich liebe meine Schwester so sehr. Jetzt ist es immer schön zu Hause, auch wenn mir Mama nicht immer erlaubt, mit dem iPad zu spielen. Ich kann aber auch Fernsehen gucken. Ich bin ein sehr glückliches Mädchen. Besonders glücklich war ich, als Julia geboren wurde. Ich war alleine zu Hause und habe jede 5 Minuten meine Mama angerufen und sie hat immer mit einer ganz komischen Stimme gesagt, noch nicht. Dann aber auf einmal sagte sie, fertig, du hast eine Schwester. Ich bin auf die Couch gesprungen und habe mich gefreut. Ich wusste, dass Mama jetzt lange, lange nicht mehr arbeiten muss und ich wusste, ich würde nie wieder allein sein. Denn wenn Mama wieder arbeiten geht, ist Julia bei mir. Julia muss nie allein sein, weil sie mich hat. Jetzt bringt mich Mama zu allen Kursen und spielt mit uns, ohne sich beeilen zu müssen. Wir sind sogar mit der ganzen Familie nach Minsk in den Aqua Park gefahren. Das war sehr lustig. Später möchte ich Architektin werden, um Häuser mit gemütlichen hellen und bunten, warmen Wohnungen zu bauen, in denen lauter Familien, wie wir es sind, leben oder ich möchte Designerin sein, um Leute hübsch und glücklich zu machen. Solange ich dazu aber noch zu klein bin, male ich, flechte Armbänder, stricke, knete oder bastele ich Puppen aus Stoff oder fahre Gyroscooter.

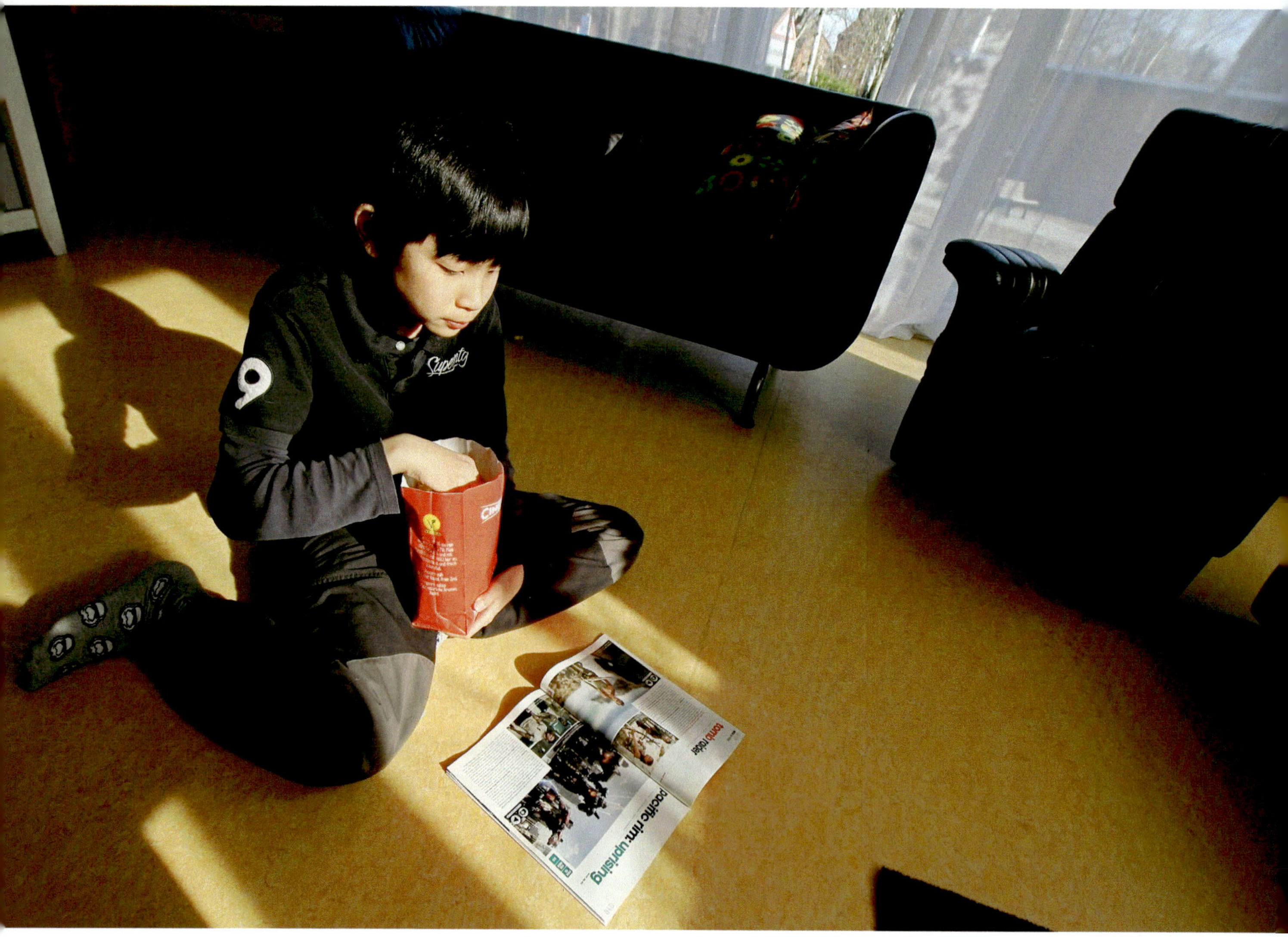
tomb raider
pacific rim: uprising

David (12 Jahre)
Kambodscha-Deutschland

Dafür brauche ich Kabel, Draht, viele Lichter und Kernenergie und ich muss dafür viel Chemie, Physik und Informatik lernen. Ich möchte ein Erfinder werden. Ich möchte eine große Erfindung machen, die alle Menschen überall auf der Welt benutzen. Seitdem ich nicht mehr in die Willkommensklasse, sondern in eine normale Klasse gehe, habe ich gemerkt, dass mich das irgendwie glücklich macht. Dort sind andere Kinder und ich fühle mich besser und stärker. In der Schule ist Gesellschaftswissenschaft mein Lieblingsfach. Ich habe jetzt einen guten Freund. Ich hatte früher oft Angst. Er hat mir gezeigt, wie ich keine Angst mehr haben muss. Jetzt habe ich nicht einmal mehr Höhenangst. Früher in Kambodscha war ich nicht so glücklich. Heute möchte ich gerne viele Länder kennenlernen. Eigentlich wollte ich auch nach Australien reisen, aber da habe ich ein bisschen Angst. Dort gibt es Haie und andere Katastrophen. Nach Griechenland würde ich aber gerne reisen. Ich liebe Geschichte und Griechenland ist ein Land voller Geschichte.
Am Freitag spiele ich Klavier. Was ich essen mag, ist ganz einfach, Chicken Wings, Burger und Spagetti Bolognese, aber mein Freund hat mir beigebracht, dass man gesund essen muss und ich will ja gesund bleiben. Jetzt esse ich auch Brokkolisuppe und Salat … ein bisschen zumindest und ich habe mir Cola abgewöhnt. Mein Opa durfte keine Süßigkeiten essen und er hat Melone mit Fischsauce gegessen. Das ist hart.
Ich spiele gern. Wenn ich sehr viel Geld hätte, würde ich mir ganz viel Lego kaufen. Playstation spiele ich manchmal auch gern, aber die Playstation 2 hier in der Gruppe ist schon länger kaputt. Nach Mexiko würde ich übrigens auch gerne reisen. Ich gucke gerne Actionfilme, aber die sind ab 12 Jahre und hier in der Gruppe sind viele Kinder unter 12. Deshalb kann ich nicht so oft gucken. Manchmal wünsche ich mir, in der Gruppe nicht reden zu müssen. Oft bin ich müde und schlafe viel am Nachmittag. Wenn ich erwachsen bin, würde ich gerne ein Haus haben und ein Meerschweinchen. Du fragst mich, was alle Kinder brauchen. Ich glaube, alle Kinder müssen jemanden haben, der für sie da ist, wenn sie Albträume haben.

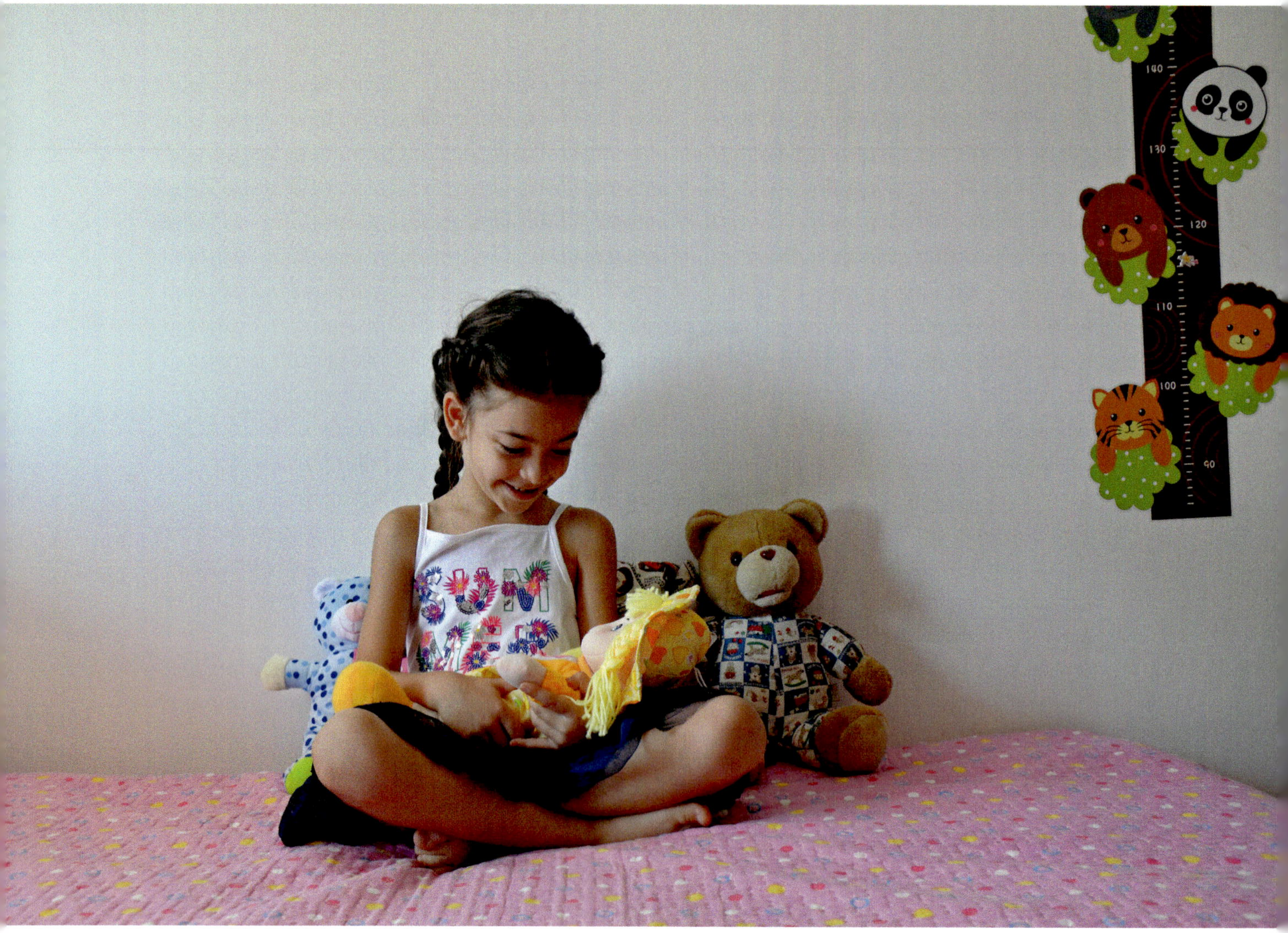
140
130
120
110
100
90

Ada Karacikay (7 Jahre)
Türkei

Menschen wird sehr schnell langweilig, wenn sie nicht glücklich sind. Ich liebe es, wenn meine Cousine Minos mich umarmt. Das macht mich sooo glücklich oder wenn ich mit meiner Freundin spiele. Barbie ist auch so eine Sache. Wenn ich mir eine Barbie im Spielzeugladen angucke, dann macht mich das schon ein wenig glücklich. Wenn ich sie dann aber auch geschenkt bekomme, dann bin ich richtig glücklich. Später möchte ich Architektin werden und Schwimmbäder für große Häuser zeichnen. Ich möchte mit einer Arbeit, die mir Spaß macht, viel Geld verdienen. Ich weiß noch nicht, was man alles braucht, um glücklich zu sein, aber eines weiß ich genau. Alleine kann man nicht glücklich werden. Ich brauche dafür alle meine Lieblingsmenschen um mich herum und viele, viele Barbies.

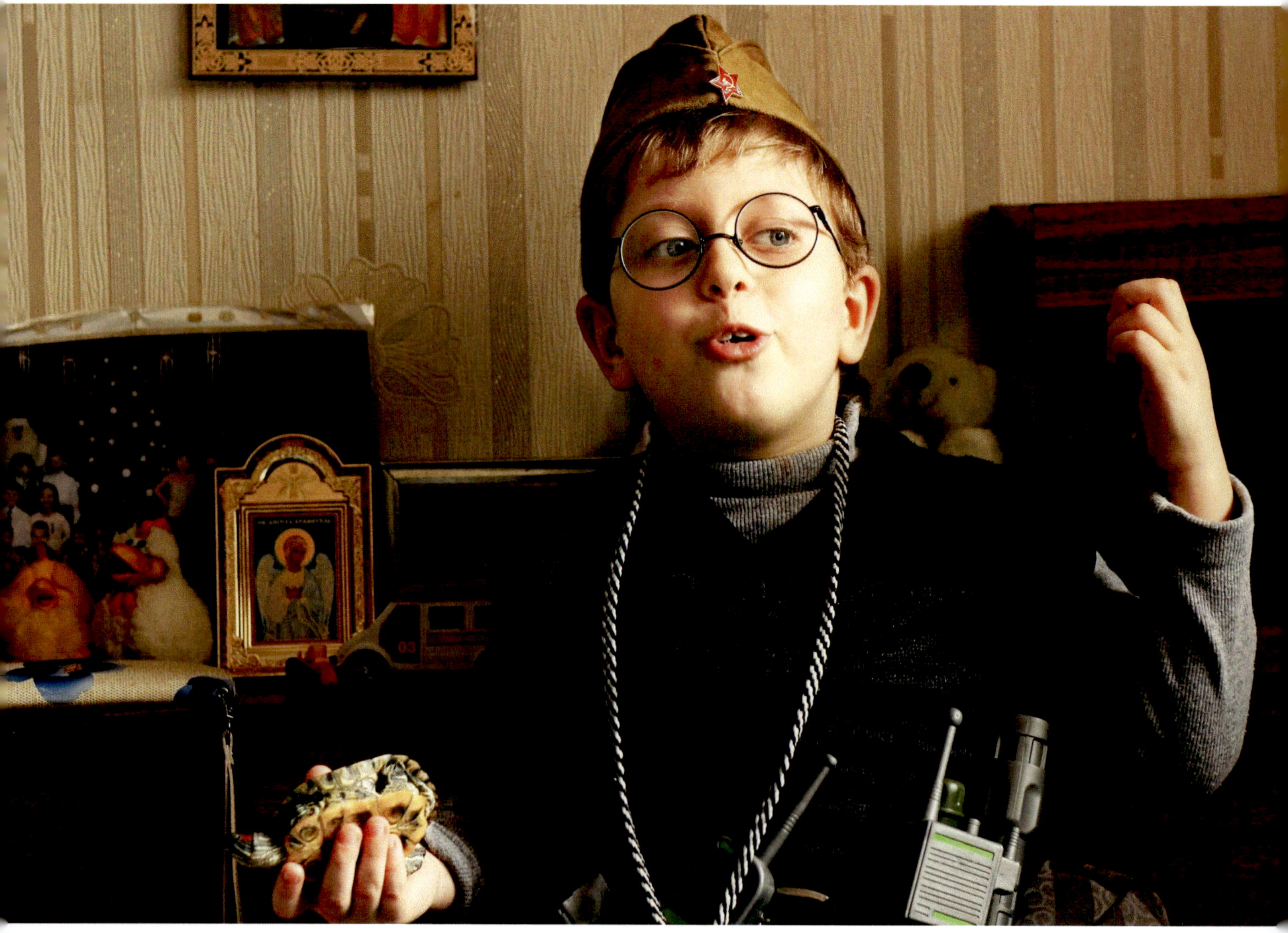

David (8 Jahre)
Russland

Mit Mama gehe ich in die Kirche und mein Papa ist Soldat. Deswegen ist mein Papa dortgeblieben und ich bin hier mit meiner Mama. Immer bei mir ist meine Schildkröte Ninja. Sie spielt immer mit mir und sie liebt mich. Ich spiele auch sehr gerne mit ihr und ich kenne auch viele Geschichten über das kleine Jesulein. Ich vermisse meinen Papa sehr, obwohl meine Mama ganz lieb ist, genau wie meine Schildkröte. Mama hat mir erzählt, dass Schildkröten bis zu 300 Jahre alt werden können. Das heißt, sie wird immer bei mir sein. Sie spielt mit mir, schläft bei mir und einmal hat sie mich in den Finger gebissen. Mama sagte, sie hätte den Finger mit einem Würstchen verwechselt. Ich glaube aber, dass sie sauer auf mich war, weil ich in der Nacht davor bei einem Freund geschlafen habe und sie alleine schlafen musste. Und sie ist genau wie ich.
Sie hat Angst davor, alleine zu schlafen und meine Mama will nicht mit der Schildkröte schlafen. Ich wünsche, dass mein Papa zurückkehrt, obwohl Mama es bestimmt nicht will. Mama sagt, dass alles in Gottes Händen liegt. Lieber Gott, mach bitte, dass mein Papa zurückkehrt, meine Mama nicht sauer auf ihn ist und meine Schildkröte immer bei mir bleibt.

Буквы гласных звуков
Буквы согласных звуков
а о у ы э й н м л р б в г д з ж ъ
я ё ю и е п ф к т с ш х ц ч щ ь
0 1 2 3 4 5 6 7 8 9
24 мая (четверг).
Классная работа.
с. 46 упр 78
с. 92 № 2,5

Pascha Katkow (11 Jahre)
Russland

Für mich ist Glück, wenn ich gute Laune habe und der schönste Moment war ein Date mit einem schönen Mädchen. Sie saß im Café und ich bin immer vorbeigelaufen und habe ihren Stuhl geschubst, bis sie sagte, bleib doch kurz sitzen. Ich habe mich hingesetzt und sie angeschaut. Das hat sich gut angefühlt, besonders, als sie mich anlachte. Wenn es etwas gibt, wovor ich mich fürchte, dann ist das Krieg. Ich hoffe, dass ich nie einen Krieg erleben werde und das ich immer viele Freunde habe. Dass ich später glücklich bin, das weiß ich ganz genau. Meine Mama wird alles dafür tun. Sie sagt immer zu mir, dass ich ihre Sonne bin.

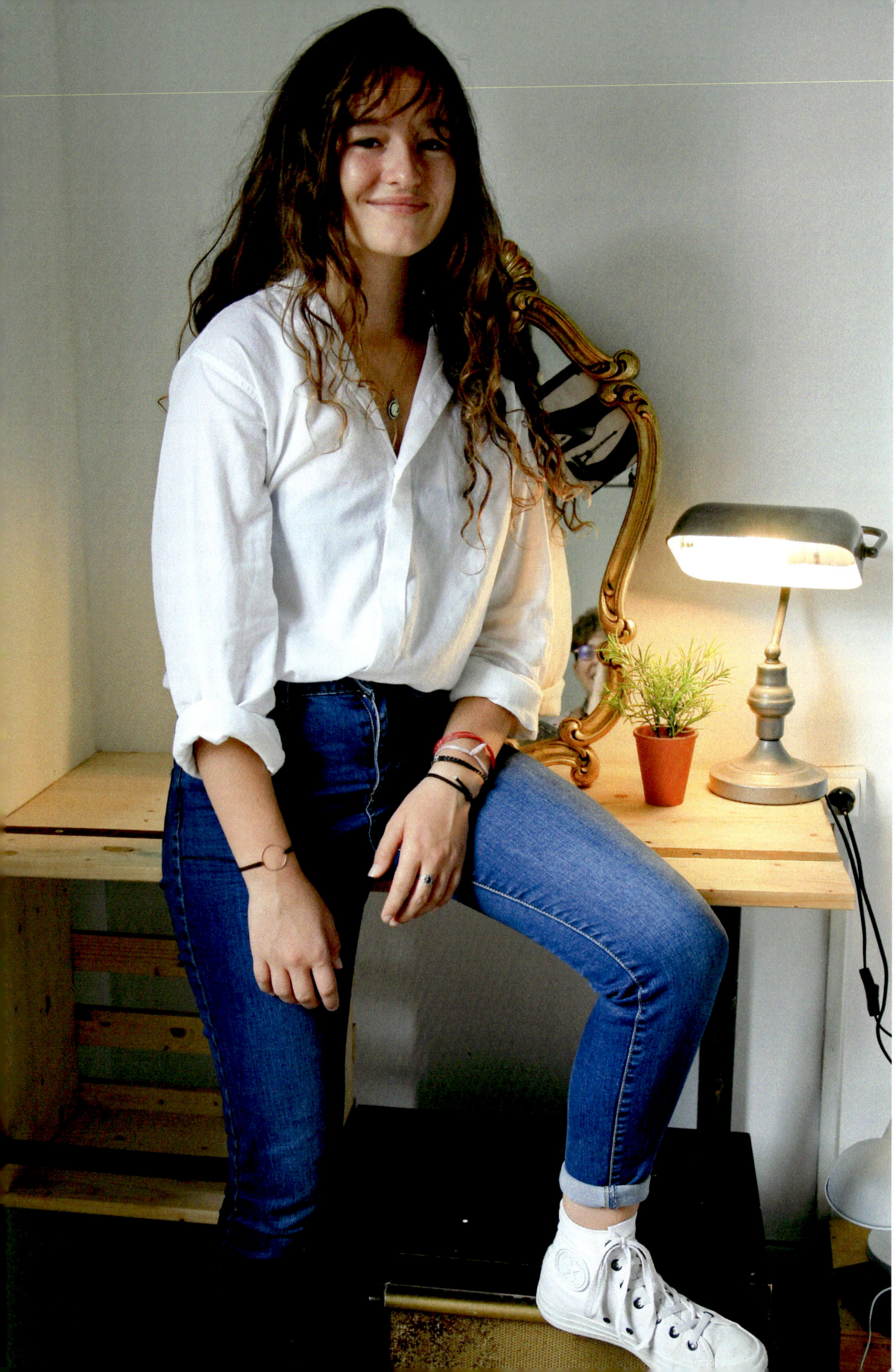

Mina (13 Jahre)
Frankreich

Kinder machen sich wenig Gedanken. Sie denken nicht nach über die Folgen, von dem, was sie sagen und das ist ziemlich cool. Und ich, ach ja. Ich liebe essen und mich waschen. Ich liebe es zu duschen. Beim Duschen denke ich über viele Sachen nach. Die schönsten zwei Tage in meinem Leben waren, als ich meine Schwester und meinen Bruder bekommen habe. Ab da war ich nie wieder allein. Mich machen sonst viele Sachen glücklich. Musik, Familie und Partys und seit Kurzem gehe ich in eine tolle neue Klasse, in der ich viele Freunde habe. Jetzt bin ich nicht nur glücklich, ich bin einfach überglücklich.

Simon (14 Jahre)
Deutschland

Die Polizei- und Feuerwehrleute haben mir auf die Schulter geklopft und mich gelobt, richtig gelobt und ich war stolz auf mich und glücklich, weil ich schnell reagiert habe. Meine Mama hatte sich verletzt und ich habe alles richtig gemacht. Das passiert nicht oft, dass man alles richtig macht, jeden Schritt und obendrein lobt dich noch die Polizei und sagt dir danke.
Ich spraye schon lange im Mauerpark. Zu Weihnachten wünsche ich mir deshalb immer wieder Gutscheine für den Graffitishop. Wenn ich nicht spraye, dann male ich gerne. Später möchte ich Autolackierer bei Mercedes Benz werden, eine Frau, zwei Kinder und ein schönes Zuhause haben oder in Amerika leben. Das stelle ich mir cool vor. Dann halt nicht bei Mercedes Benz, sondern bei Ford Autos lackieren. Meinen Kindern möchte ich später ein schönes Zuhause bieten, weil eines weiß ich genau. Kinder brauchen vernünftige Eltern, die keinen Blödsinn machen. Man soll immer für seine Kinder da sein. Bis es so weit ist, höre ich weiter Rap, esse Marzipan, treffe Freunde, spraye im Mauerpark und genieße meine Freiheit.

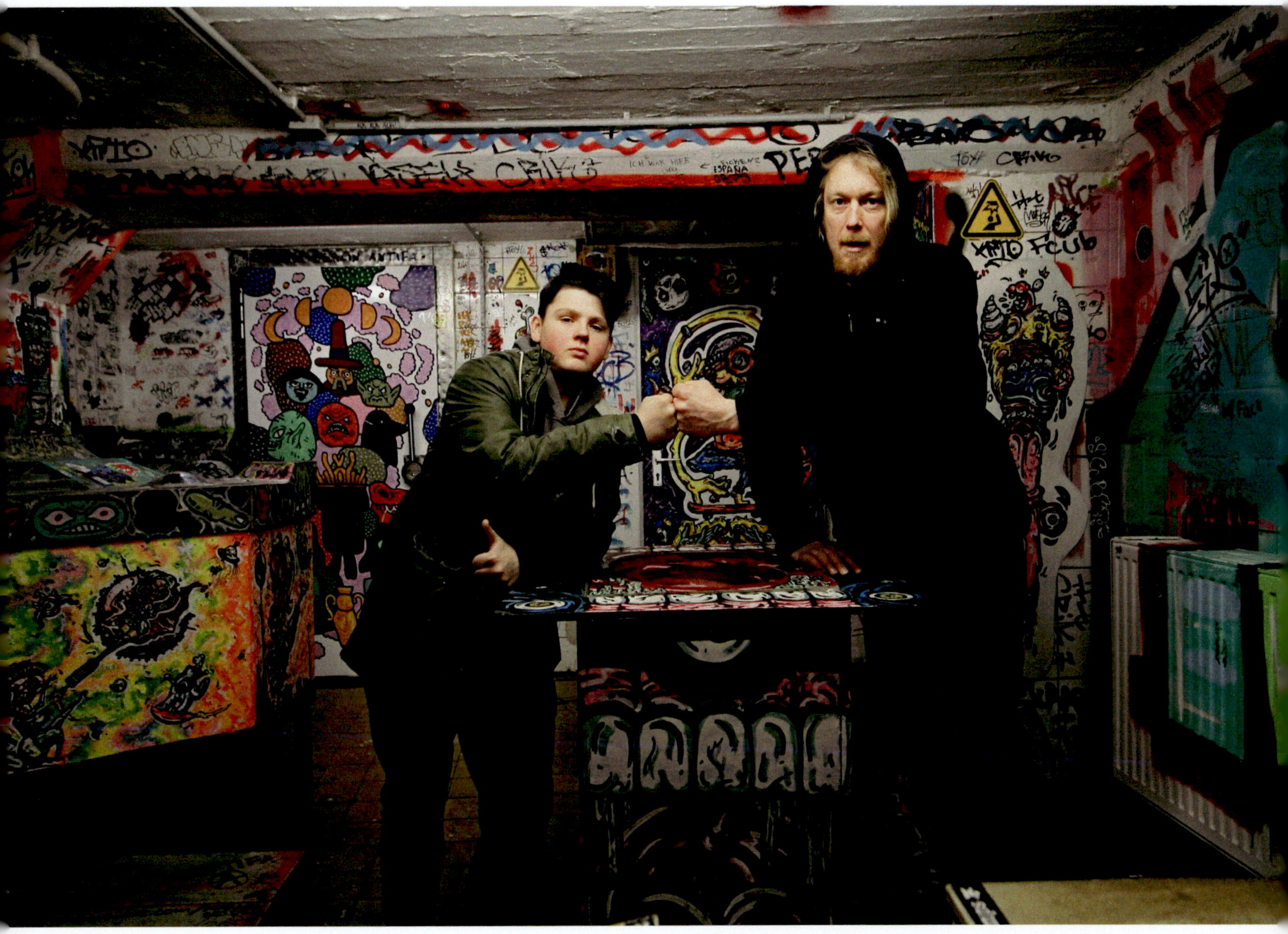

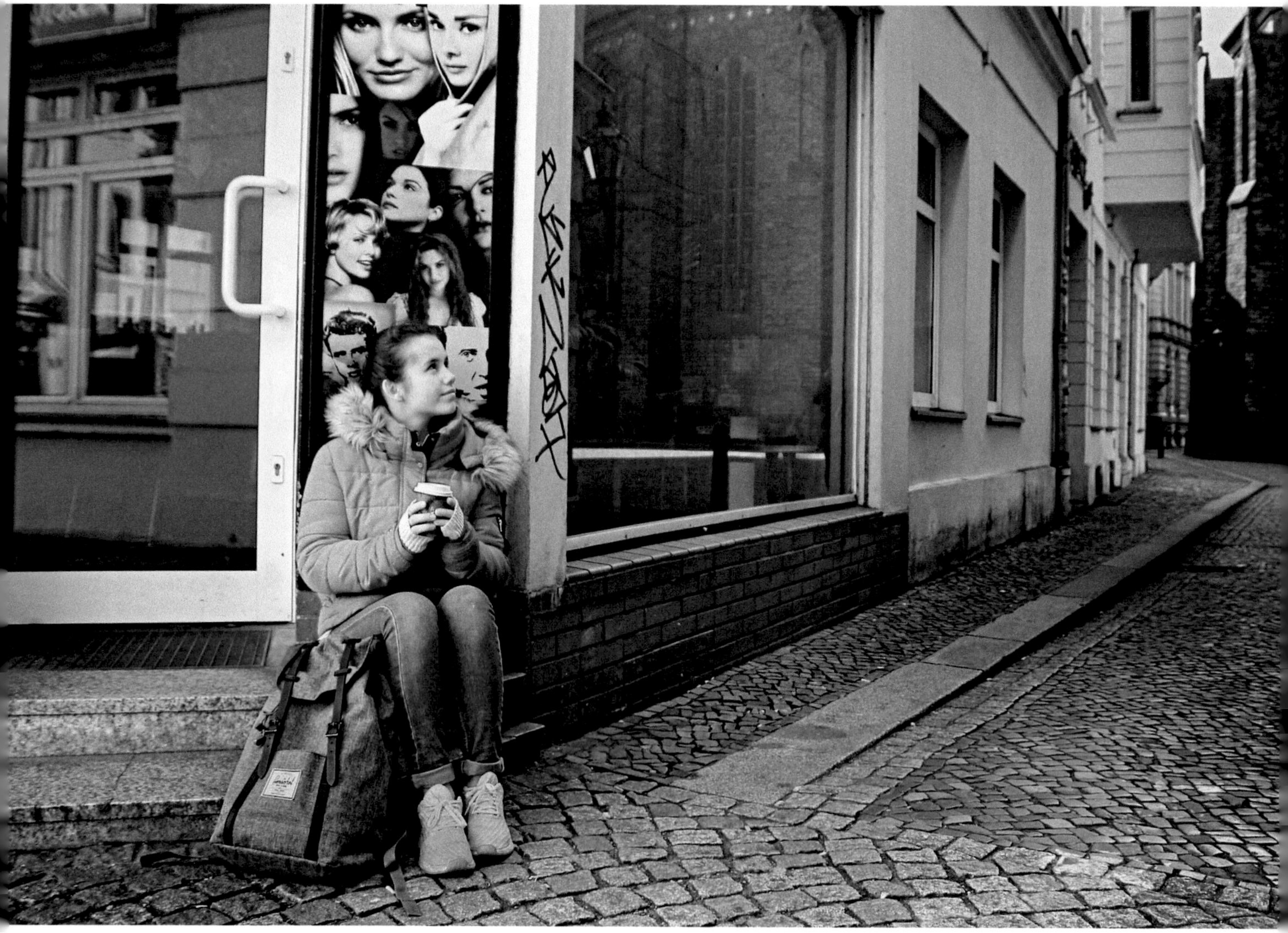

Sila Bingöl (12 Jahre)
Deutschland

Hauptsache, der Film ist gut. Der Film, in welchem ich die Hauptrolle spiele. Mich hat immer interessiert, was hinter den Kulissen geschieht. Wenn ich Schauspielerin werde, dann möchte ich amerikanische oder türkische Schauspielerin sein. Wenn eine türkische, dann möchte ich dort nebenbei für die streunenden Tiere Tierheime bauen.
Jeden Urlaub fahren wir zusammen mit der Familie in die Türkei, aber Mama und ich wollten immer auch etwas anderes sehen. Papa hat aber immer „nein" gesagt. 2017 hatten wir ihn aber endlich überredet. Wir sind nach Dubai geflogen und so waren wir zum ersten Mal in meinem Leben im richtigen Ausland. Meinem Papa hat das so gut gefallen, dass wir in den Osterferien nach Amerika fliegen. Mein Papa ist immer so. Beim Hund hat er auch zuerst „nein" gesagt und jetzt liebt er unseren Hund Luna über alles. Wir kümmern uns wie versprochen um ihn. Nur manchmal, wenn viel zu tun ist, klappt es nicht so richtig. Für mich ist das Allerwichtigste die Familie und dass alle gesund bleiben … und noch etwas: dass Kinder in der Schule nie gemobbt werden.

Pascal
Deutschland

DVDs sortieren ist eine tolle Sache. Die Feuerwehrmann Sam DVDs zu den anderen Action DVDs, Bernhard am Strand zu den anderen Kinderfilmen und besonders groß ist der Stapel mit den DVDs von Cars und ordentlich gestapelt muss es werden, das ist wichtig. Später werden sie in den Taschen verstaut und genau dasselbe mache ich mit den CDs, Hörspiele zu den Hörspielen und so weiter.
Bald ist Weihnachten und dann bin ich wieder bei meinen Eltern zu Hause. Es gibt dann viele Geschenke. Besonders viel bekommen meine Mama, mein Bruder und ich.
Mein Vater bekommt nicht so viel, der braucht ja nicht so viel.
Ein Mädchen kennenzulernen wäre toll, besonders wenn sie dunkle Haare hat. Eins kenne ich schon in der Schule. Meine Mama kann auch gut kochen. Papa nicht, aber dafür fährt Papa mit mir Fahrrad und Mama nicht. Ich liebe es, Bus zu fahren. Da kann ich aus dem Fenster gucken und bin dabei ganz schnell. Musik hören, Katzen, Wasser, Boot fahren, Ostsee, ich mag sehr viel. Wenn ich nicht Bus, Fahrrad oder Boot fahren kann, dann lasse ich mein ferngesteuertes Auto durch mein Zimmer rasen oder ich sortiere einfach noch einmal meine DVDs und CDs.

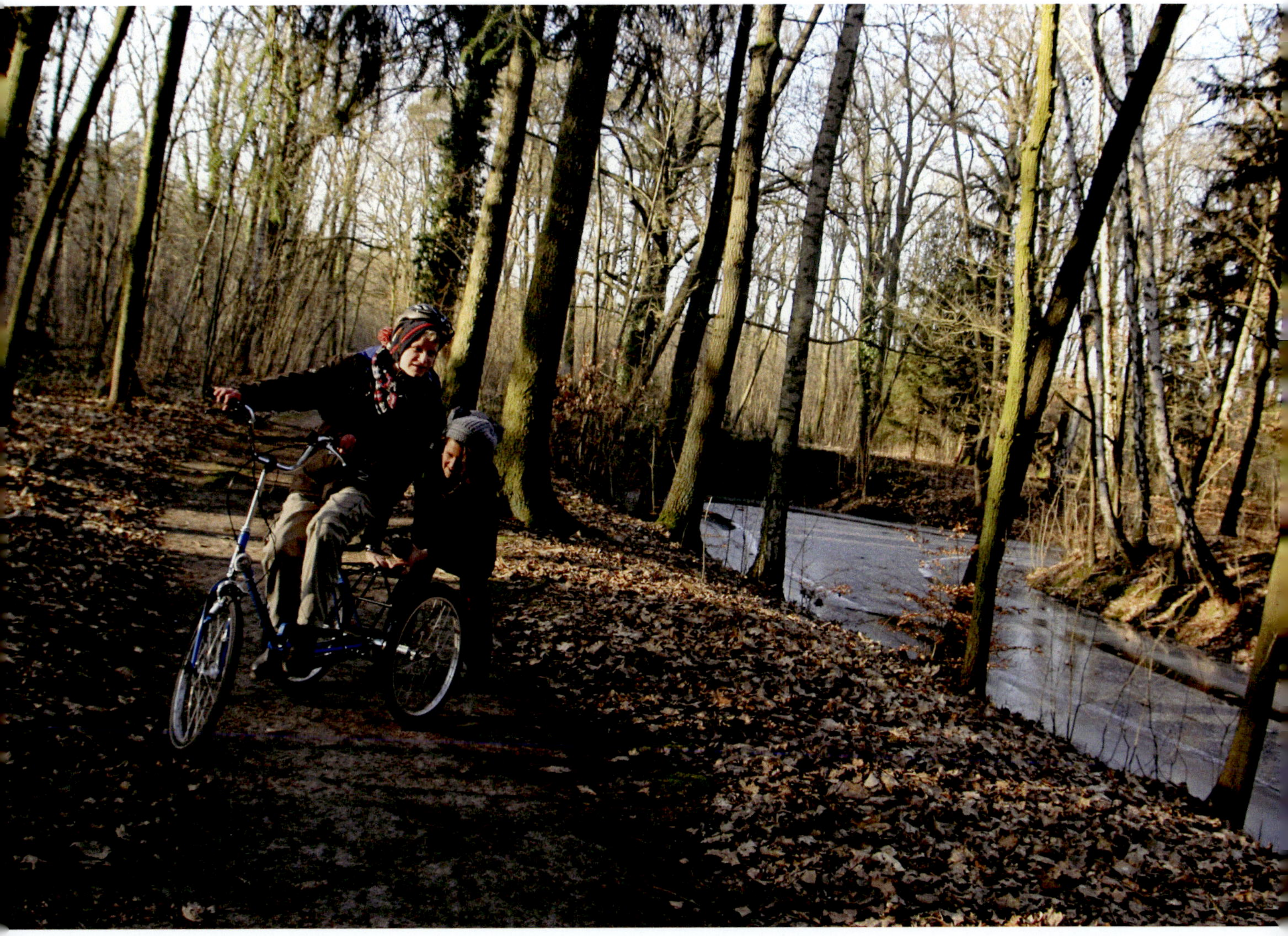

Arsenij (12 Jahre)
Russland

Für mich ist es am Wichtigsten, dass ich meinen Sport machen kann und meine Eltern habe. Schlechtes Wetter stört mich nicht. Es gibt Menschen, die immer über kaltes Wetter meckern. Ich ziehe mich einfach an, gehe Eishockey spielen und freue mich über Schnee und Eis, weil ich nur, wenn es kalt ist, Eishockey spielen kann. Im Sommer freue ich mich über die warme Sonne, weil ich dann mit meinen Freunden im Fluss schwimmen gehen kann. Das bedeutet, dass ich mich über die Kälte und die Wärme freue, weil mir jedes Wetter etwas schenkt. Einmal, zu meinem Geburtstag, habe ich einen Hund bekommen. Ich glaube, ich kann mich an keine meiner Geschenke, welche ich bis jetzt bekommen habe, wirklich erinnern. Dieses Geschenk würde ich aber nie vergessen. Das war ein super echtes Glücksgefühl. Meine Mutter sagt immer zu mir, dass, wenn ich immer so ein Optimist bleibe, ich der glücklichste Mensch auf der Erde werde.

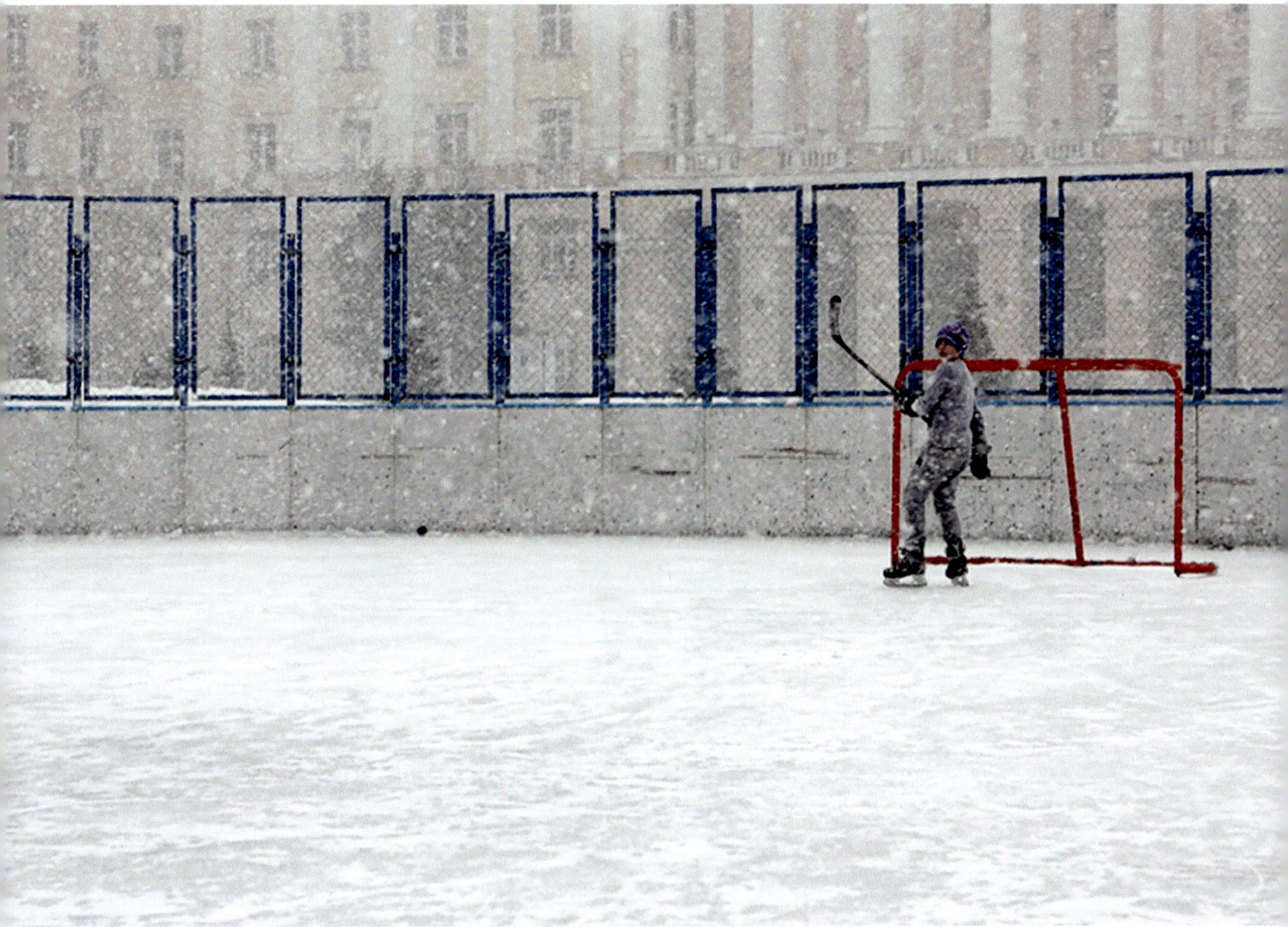

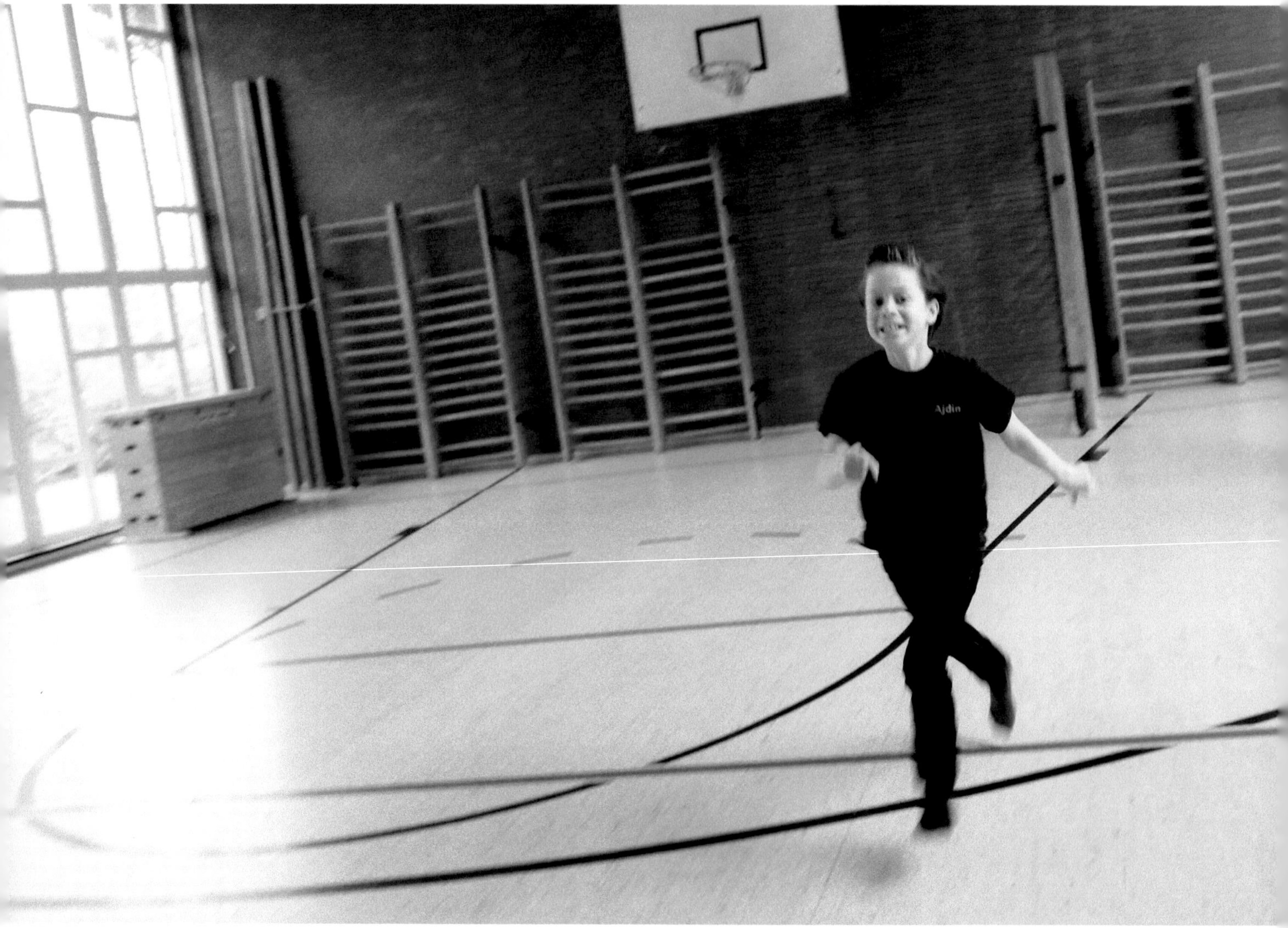
Ajdin

Ajdin (12 Jahre)
Deutschland

Nach drei Jahren hier, kehre ich zurück zu meiner Mutter. Dort kann ich wieder an meiner Konsole sitzen. Mein Stiefvater hat mir neulich ein Handy gegeben und mir eine Speicherkarte reingemacht. Hier in der Gruppe haben mich die Kinder oft provoziert und ich bin ausgerastet. Alles hat mich genervt und die Erzieher haben gemeckert. Meine Mutter ist dagegen cool und ruhig. Obwohl, Weihnachten würde ich gerne hier feiern. Dann sitzen hier alle gemütlich zusammen. Das ist ein schönes Gefühl.
Den bunten Adventsbasar werde ich vermissen und meinen Bruder Fabian auch.
Er bleibt hier und ich gehe alleine zurück. Meine Mutter habe ich vermisst. Mein Vater ist sehr streng und rastet oft aus. Mit acht Jahren kam ich her. Manchmal, wenn die Kinder hier alle nerven, will ich sie alle gegen die Wand klatschen. Später möchte ich Maurer sein oder Kranfahrer. Ich habe überhaupt keine Höhenangst. Ich möchte ein schönes Zuhause haben und eine Frau. Ich will mein Handy nicht abgeben müssen und möchte nicht, dass mich jemand nervt, hart beleidigt oder provoziert. Was brauchen alle Kinder, um glücklich zu sein? Ein schönes Zuhause und liebe Eltern. Ich möchte später auch Kinder haben. Ein bis zwei, die schlau sind, gute Noten haben und nicht die Schule schwänzen. Damit sie gut werden, muss ich aber streng sein und mit ihnen meckern.
Wir sehen uns wahrscheinlich zu Weihnachten. Ich frage meine Mutter, ob ich Weihnachten hier sein kann. Zu Weihnachten ist es hier richtig gemütlich.

Ceylin Ayhan (11 Jahre)
Deutschland

Ich möchte später nach Köln oder Hamburg ziehen. In eine WG mit meinen Freunden. In Berlin bin ich schon lange und habe fast alles gesehen. Dort will ich Medizin studieren, weil ich alle Krankheiten heilen möchte, aber jetzt bin ich noch 11 Jahre und ich bin in einer Band. Früher war ich die Gitarristin und jetzt bin ich die Sängerin. Ich spiele auch gerne Fußball und stehe im Tor und ich skate gerne. Ich habe sehr viele Freunde, meine ganze Klasse. Es fällt mir leicht, auf vieles zu verzichten, nur nicht auf meine Familie und einen Kumpel aus meiner Schule. Was mich glücklich macht? Wenn ich zum Beispiel in einer Mathearbeit einen Fehler mache und der Lehrer diesen übersieht. Ansonsten macht mich glücklich, wenn ich mit anderen Menschen Zeit verbringe, in der Schule mit den Freunden, zu Hause mit der Familie bei Brettspielen oder gemeinsamen „Kevin - allein zu Haus" gucken oder beim Tanzen. Wenn ich viel Geld hätte, würde ich gerne an Obdachlose spenden, damit sie auch ein Zuhause haben und zu Weihnachten „Kevin - allein zu Haus" gucken können.

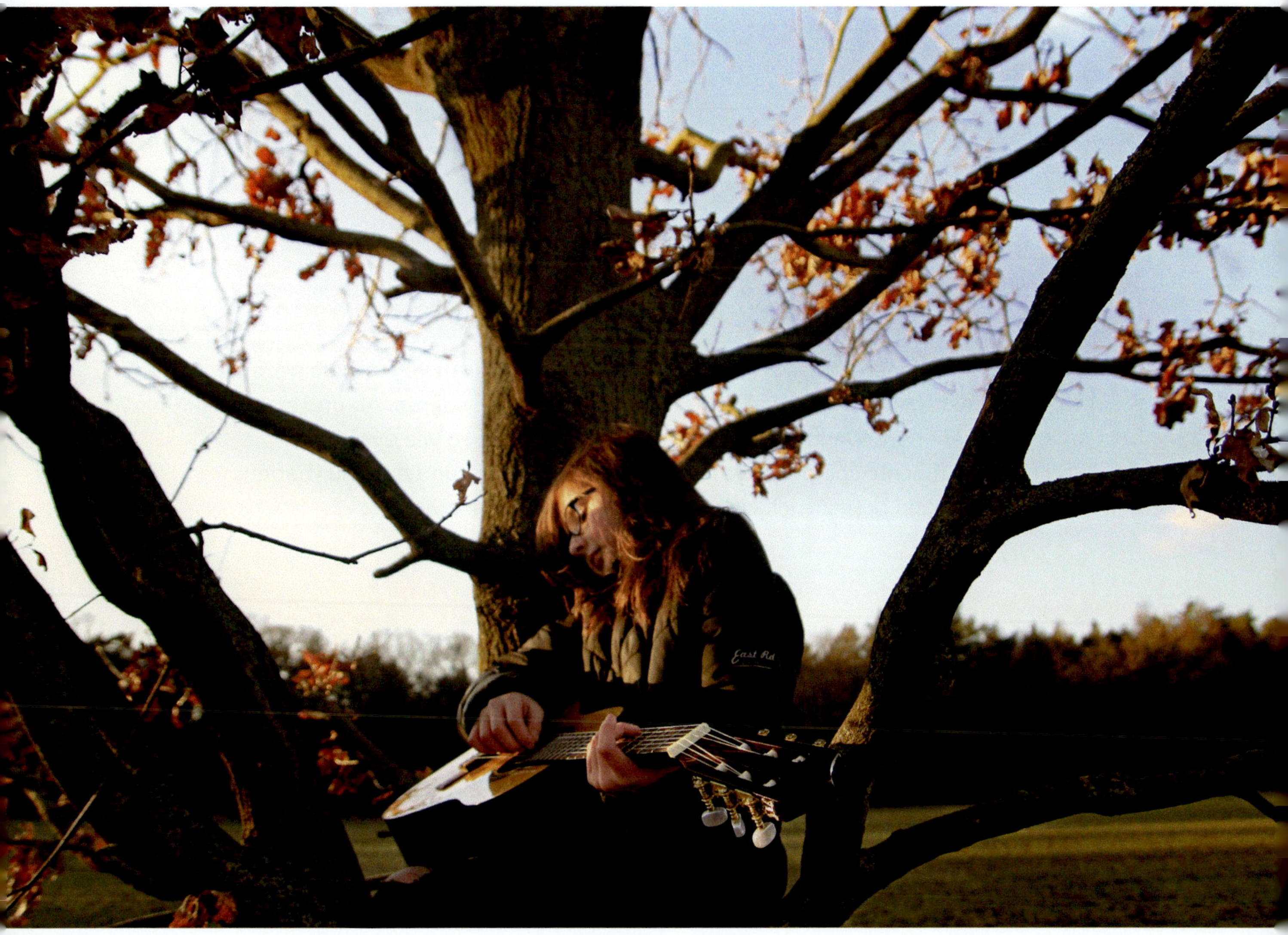
East Rd

Jeremy (11 Jahre)
Deutschland

Mir kann nichts Schlimmeres passieren, als dass Lydia und Frank nicht mehr da wären.
Fröhlich macht mich Lydia, Schokoerdbeereis und Filme über Eisbären. Ab und zu bin ich
bei Frank. Er ist sehr nett. Wenn ich erwachsen bin, möchte ich so wie er sein.
Cool und nett. Ich möchte später Partys feiern, Freunde, Familie und ein Haus haben.
Zum Erwachsenwerden brauche ich einen Führerschein und ganz viel Eis.

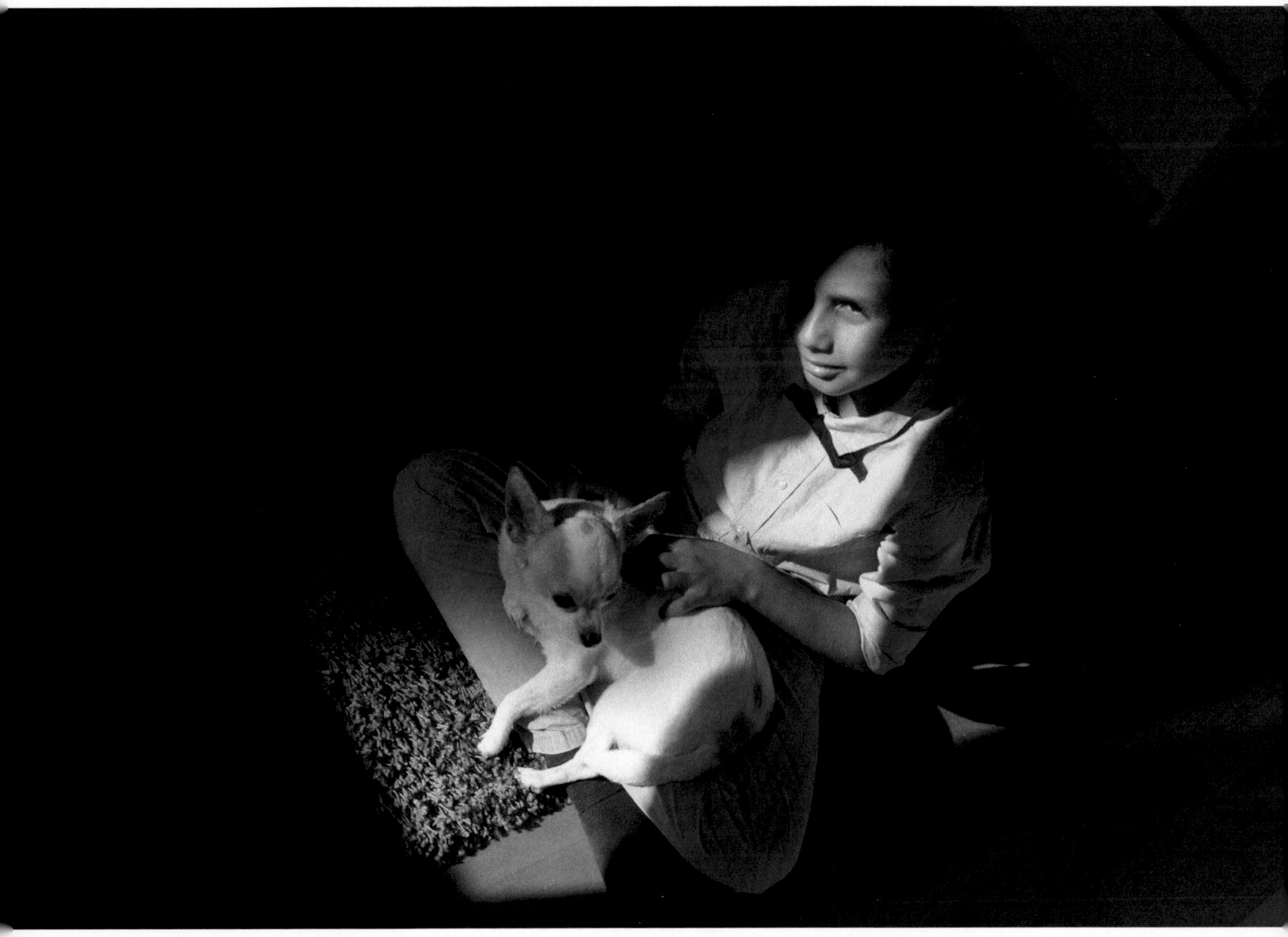

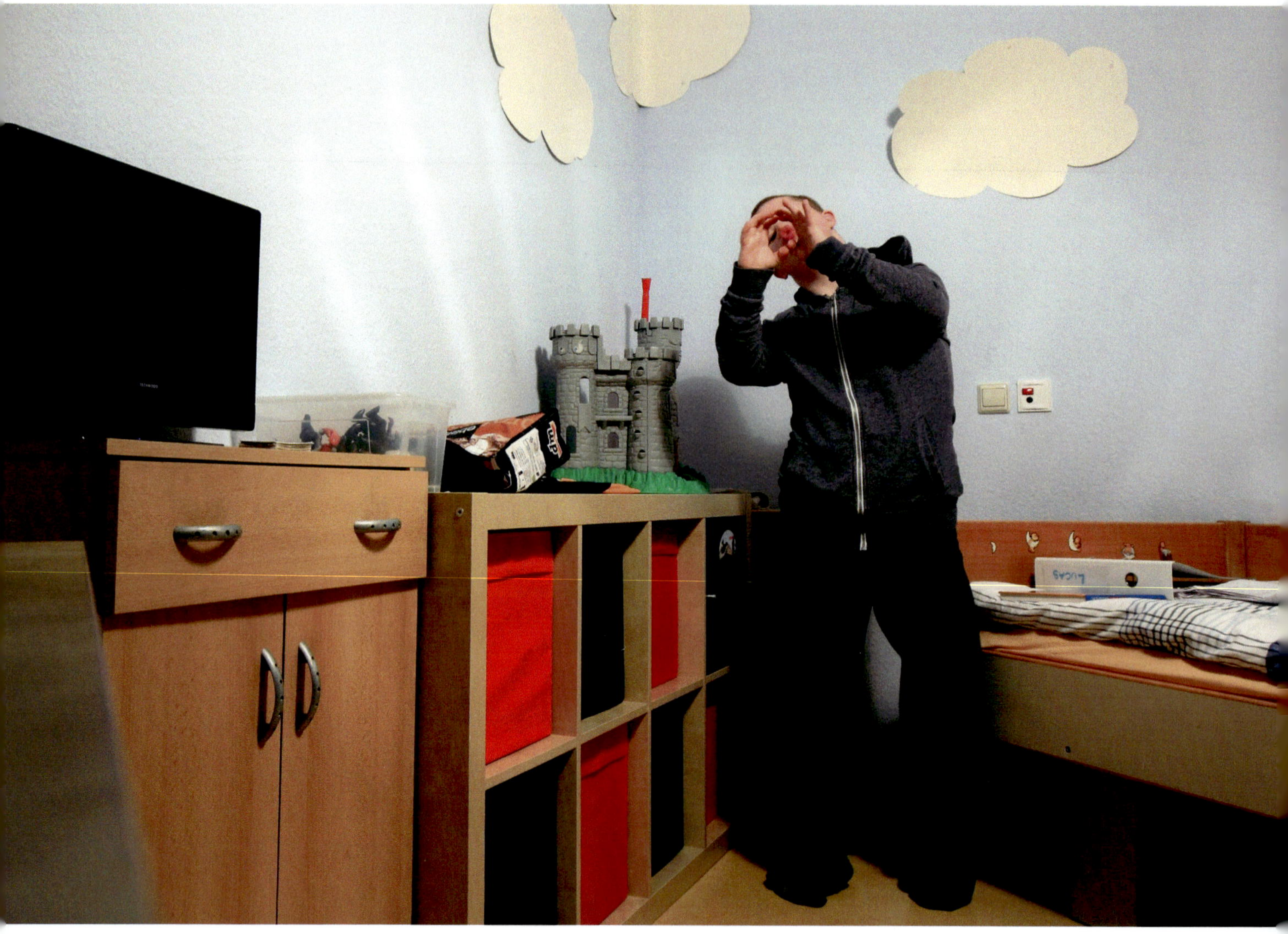

Lucas Becker (12 Jahre)
Deutschland

Wenn ich groß bin, möchte ich meiner Mama helfen. Ich möchte, dass meine Mama keine Schmerzen hat. Ich rappe gleich für euch, aber zuerst muss ich mich umziehen und meine Kapuzenjacke ist dafür wichtig.
Ich bin groß. Du bist mein Freund.
Babybrei will ich nicht.
Du bist böse. Ich nicht.
Babybrei will ich nicht.

Ich kann Gitarre spielen und tanzen. Geh nur nicht weg. Ich zeige es dir. Ich habe alles, was man braucht. Rucksack, Fernseher, Zimmer, Gitarre und meine Mama. Ich habe alles. Mehr brauche ich nicht.
Nur ... geh nicht weg. Du bist mein Freund.
Geh nicht weg. Bleib bitte hier.
Geh nicht weg.

Natascha Dambajewa (10 Jahre)
Russland

Wir saßen alle und tranken Tee und jeder erzählte, was alles in der Woche passiert war. Ich mag es, zu hören, was alle erlebt haben. Da sind immer viele lustige Geschichten dabei, einmalige wunderschöne Momente. Früher dachte ich, so wird es ewig bleiben. Dieser Tisch, die Stühle, die Menschen und der Teekessel, aber mein Opa … er ging fort. Mein Opa hat in der Akademie unterrichtet. Er kannte viele, viele Geschichten und seine Geschichten liebte ich auch am meisten. Er kannte so viele Menschen. Dann war sein Stuhl leer, so leer, dass ich mich auf diesem hingesetzt habe. Ich sitze jetzt dort und erzähle meine Geschichten und habe dabei sein lachendes Gesicht vor Augen und Momente wie den, als er mich von der Schule abholte und mit mir ins Café ging. Diese Geschichte werde ich einmal meinen Kindern erzählen. Ich wünsche mir, dass ich viel Neues im Leben erlebe, aber eines muss bitte so bleiben … der Tisch, der Teekessel und die Menschen, die ich liebe.

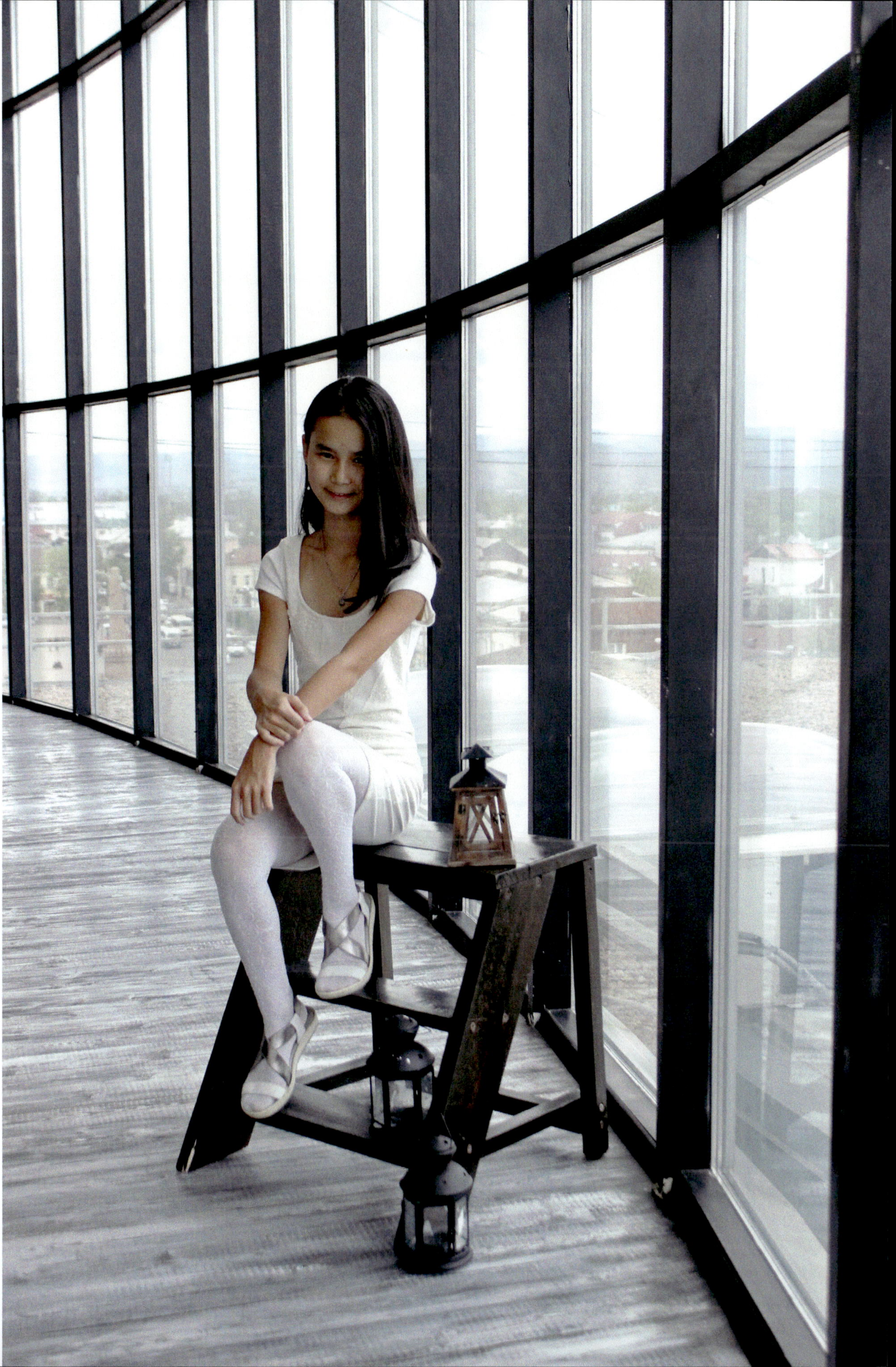

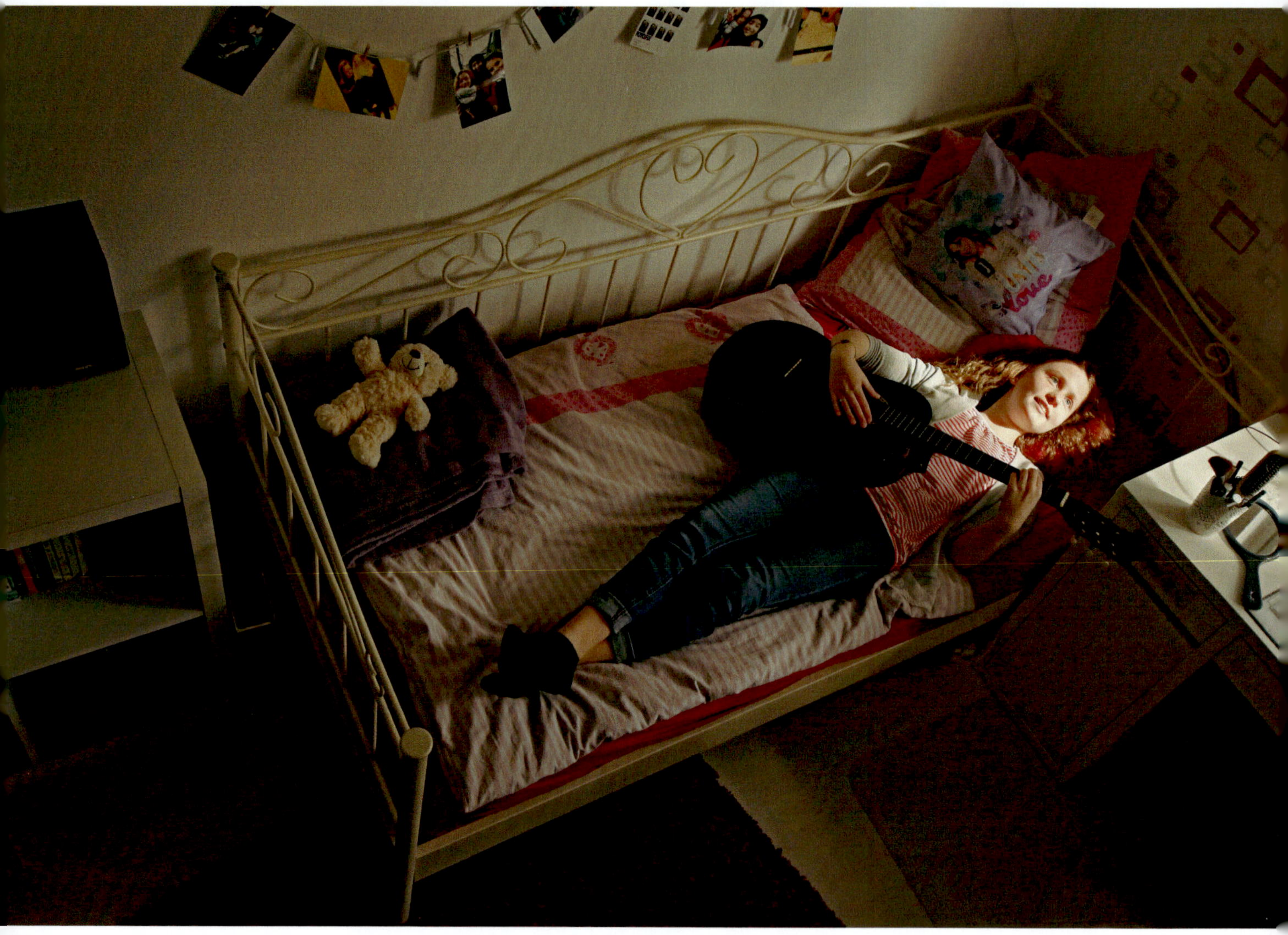

Charlotte (14 Jahre)
Deutschland

Zuerst habe ich eine leichte Unruhe. Dann kommt die Aufregung. Das Licht geht an und viele Menschen sind da, die mich anschauen. Da ist es. Das Gefühl. Das Gefühl, das mich glücklich macht. Auf der Bühne zu stehen, ist einfach cool, fühlt sich gut an und ist ganz vertraut. Meine beiden Brüder machen Musik und haben oft Auftritte.
Seit ich klein bin, habe ich ihre Auftritte begleitet. In unserer Familie lieben alle die Musik. Bei mir ist es aber noch etwas anders. Ich liebe die Schauspielerei. Auf der Bühne kann man alles sein. Nett, frech, lieb, böse, einfach in ganz unterschiedliche Rollen eintauchen. Es wäre schön, irgendwann einmal nach Hollywood zu kommen. Aber bis dahin: Aufregung, Licht an, eine neue Rolle und dieses Gefühl. Das Gefühl, welches mich glücklich macht.

Valeria Nesterenko (12 Jahre)
Russland

Ich habe riesengroßes Glück im Leben. Ich habe eine sehr große Familie, die mich liebt, erzieht und beschützt. Meine Mutter, mein Stiefvater, mein Bruder und meine Schwester sind sehr lustig, verrückt mit tollen Ideen und alle sind sehr fleißig. Abgesehen von ihnen unterstützen mich immer Oma, Tante Olga und mein Patenonkel. Ich liebe sie alle.
Der glücklichste Moment für mich war, als ich meinen besten Freund, meinen Hund Bonja bekommen habe.
Meine Mama und ich, wir lieben uns sehr und wir haben uns noch niemals verraten. Wir haben auch so viel zusammen erreicht und ich weiß, solange sie bei mir ist, habe ich nichts zu befürchten. Ich liebe Sport sehr und mag es besonders zu tanzen. Um eine glückliche Erwachsene zu werden, muss ich unbedingt Verkäuferin in einem Geschäft werden. Das ist mein Traum. Ich weiß, meine Mama hilft mir dabei, dass mein Traum wahr wird. Alle Kinder brauchen, um glücklich zu sein, einfach nur Liebe.

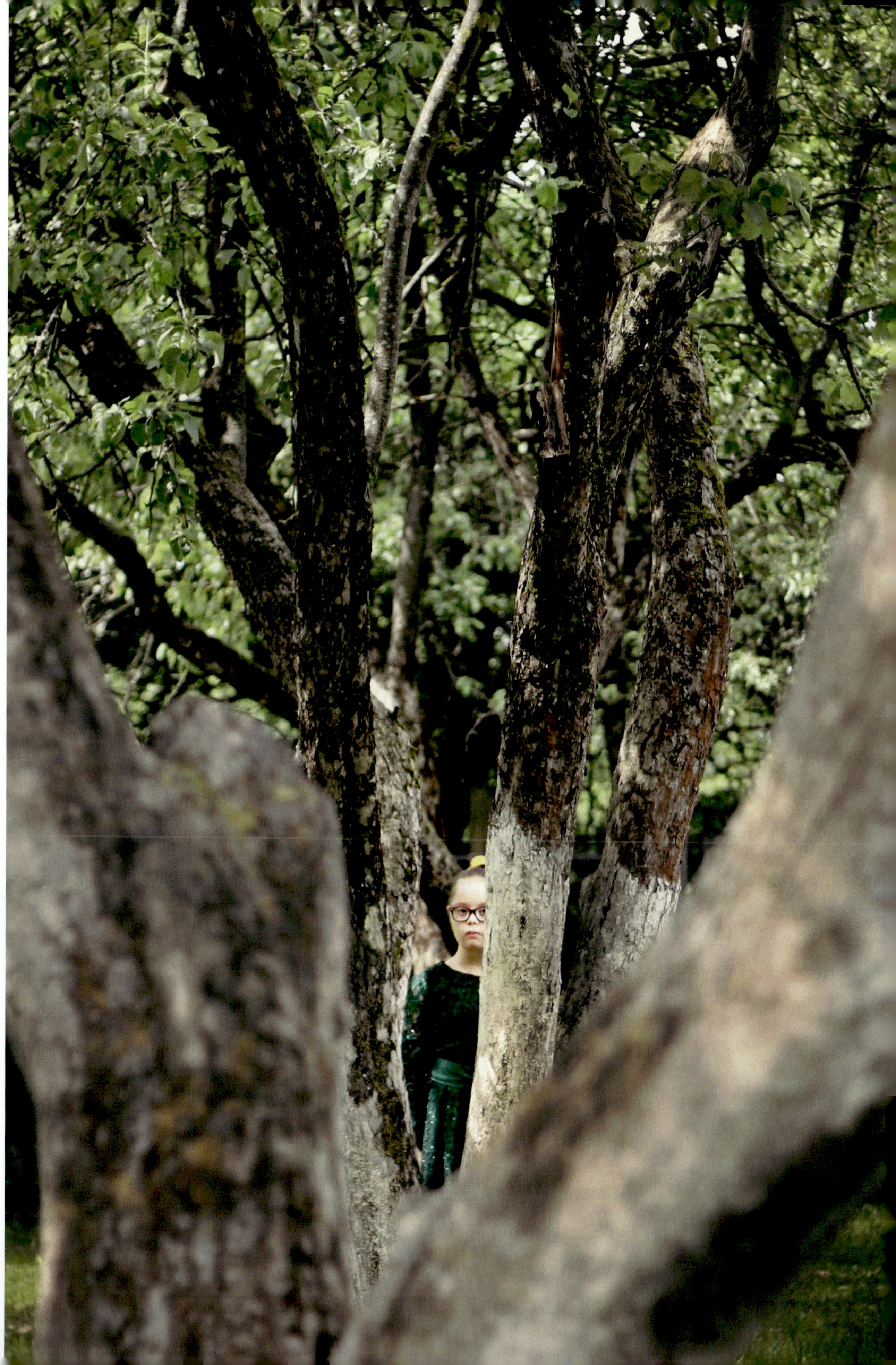

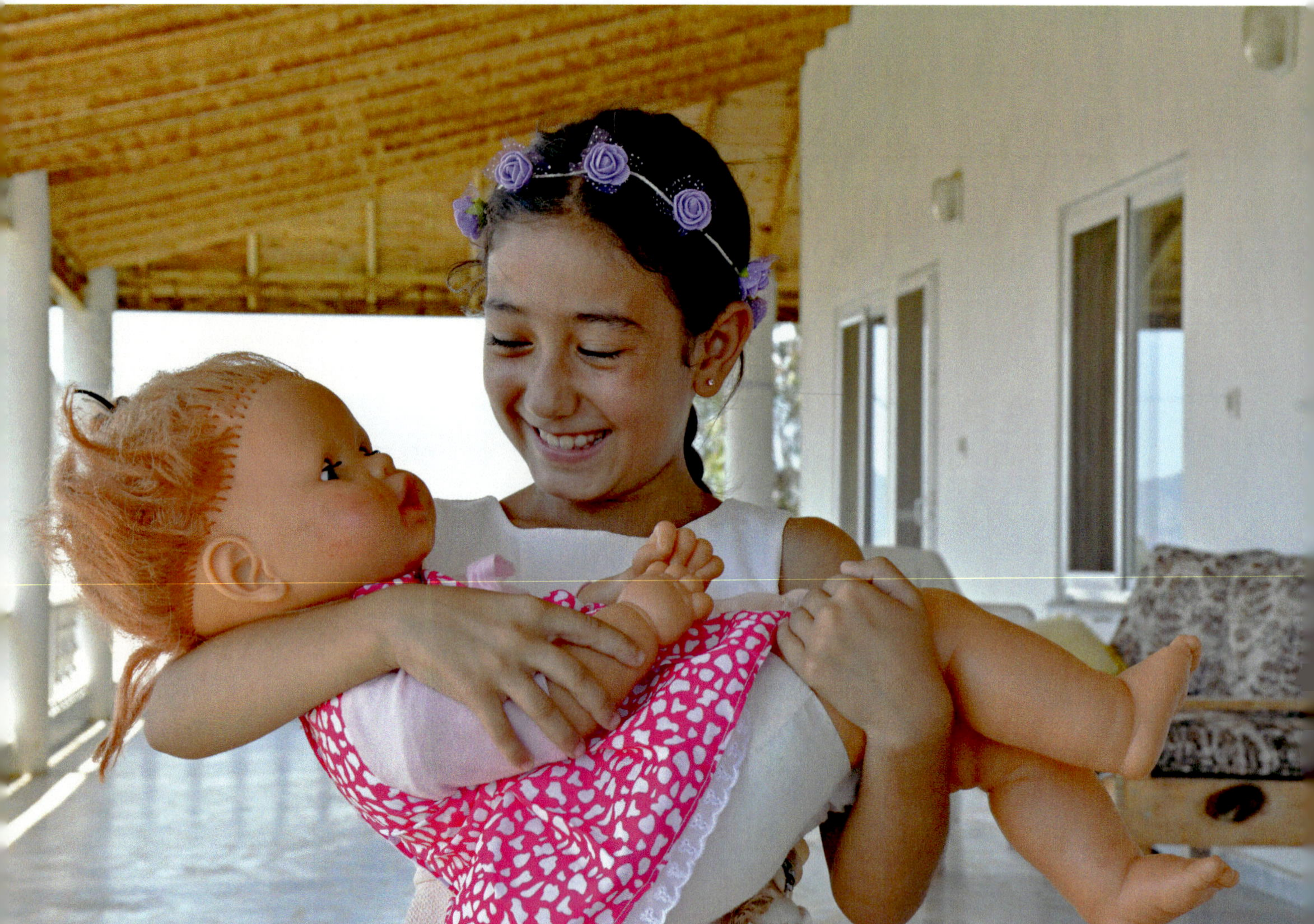

Elif Uguzarslan (9 Jahre)
Türkei

Ich liebe die Schule. Ich wollte schon zur Vorschule gehen, aber ich durfte nicht. Den Tag, an dem ich zum ersten Mal zur Schule gegangen bin, werde ich nie vergessen. Er zählt zu einem der glücklichsten Tage in meinem Leben. Ich liebe es auch, wenn mein Papa zu Hause ist, weil ich ihn so selten sehe. Weil er Geld verdienen muss, arbeitet er in einer anderen Stadt und ist nur selten zu Hause. Ich glaube, dass es am wichtigsten ist, wenn die Kinder gesund sind. Das sagt zumindest meine Mutter. Deswegen möchte ich Kinderärztin werden, weil ich so andere Kinder und deren Mütter glücklich machen kann. Dafür brauche ich aber zuerst gute Noten.
Die Schule und Menschen, die Kindern helfen, sind ganz wichtig, weil Kinder alleine noch nicht überleben können. Ach und noch etwas, wenn ich Inlineskater bekommen würde, wäre ich noch ein bisschen glücklicher.

Jurek (7 Jahre)
Deutschland

Ich mag meine Klasse 2b und mit meinem Freund spielen. Alle Kinder spielen gern und das am liebsten mit Spielzeugautos. Früher hatte ich einen Hund. Der hieß Norton. Er ist fast 16 Jahre alt geworden und dann gestorben. Einmal war ich mit meiner Oma im Garten und dort war ein Kaninchen. Ich habe es mit Möhren gefüttert. Das hat mich glücklich gemacht. Ich mag Tiere sehr und ich liebe meine Mama.

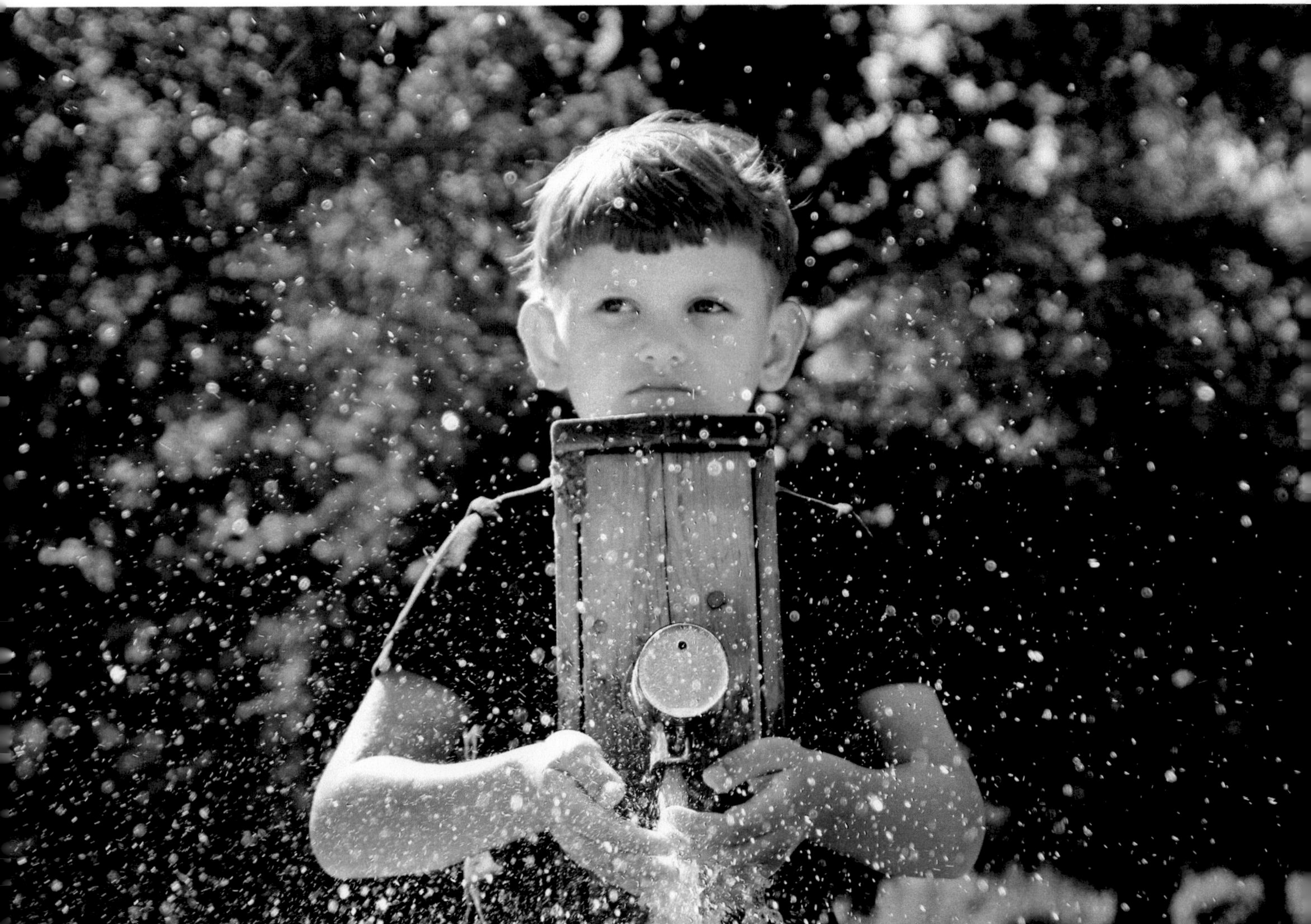

Jean Pierre (9 Jahre)
Deutschland

Ich liebe es, mit Papa zu spielen, wenn er Zeit hat. Er muss aber sehr viel arbeiten.
Ich will einmal Feuerwehrmann werden, weil ich die Autos mit ihren Sirenen so liebe.
Wenn ich dann später nach dem Feuerwehrautofahren nach Hause komme, ruhe ich mich aus, esse Pommes und fahre Fahrrad, ganz egal, ob die Sonne scheint oder es kalt ist.
Glücklich würde mich machen, wenn meine Mama hier wohnen dürfte. Ich habe früher mit ihr gespielt. Das war schön.
Ich stelle meine Autos immer in eine Reihe. Die sollen sich bis morgen ausruhen, weil morgen Robin kommt und wir dann wieder mit ihnen spielen wollen. Wir erzählen uns immer Witze und lachen zusammen. Das wird sehr schön.

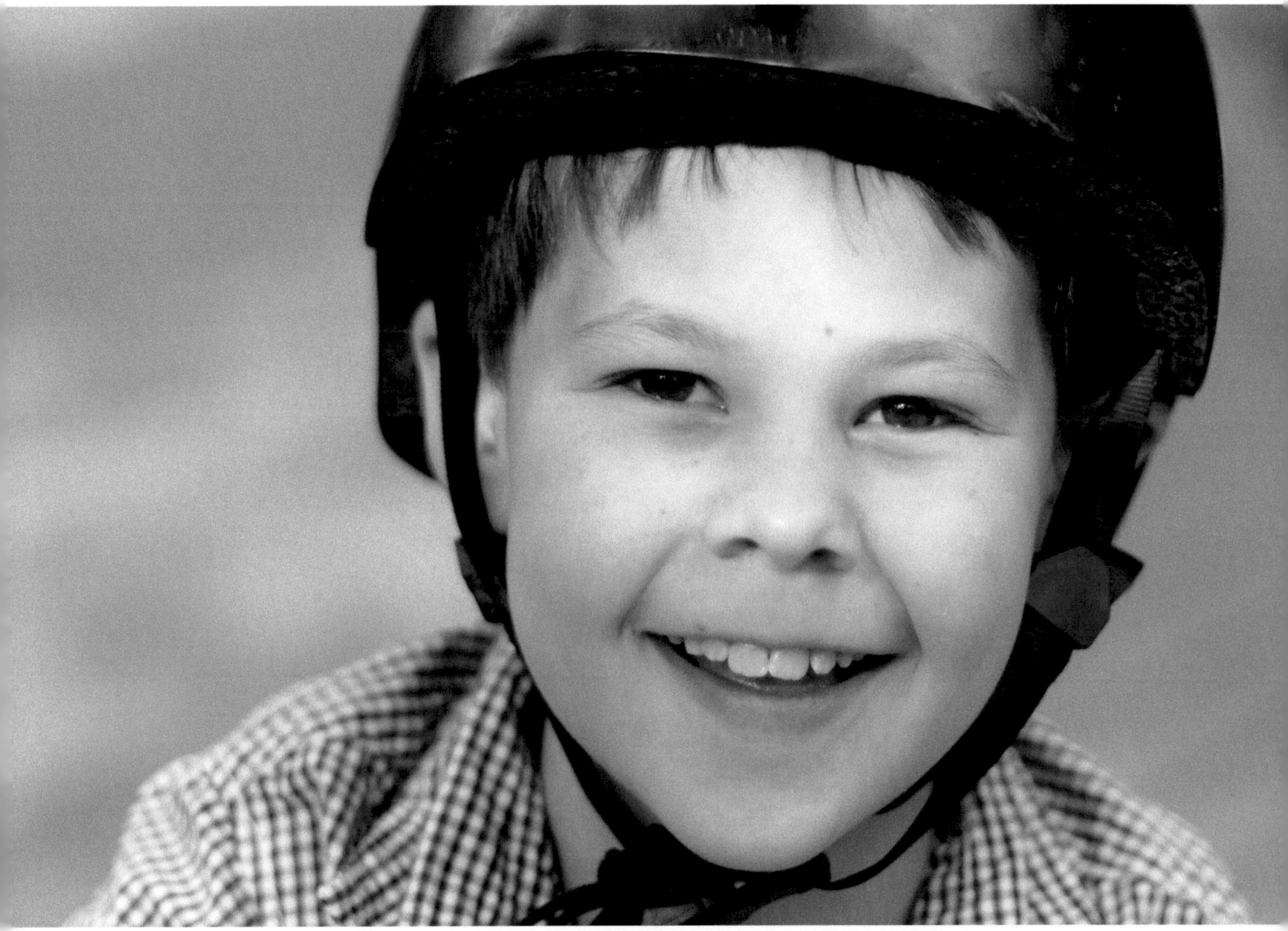

Hazal Büyüktas (6 Jahre)
Türkei

Ich bin sehr glücklich, weil du mich heute fotografierst. Ich liebe das Zuckerfest so sehr, weil mir meine Mama für dieses Fest ein so schönes Kleid gekauft hat. Aber ganz, ganz glücklich bin ich, wenn meine Mama mich umarmt, küsst und mir neue Sachen kauft. Wenn ich groß bin, möchte ich Lehrerin werden. Das übe ich jetzt schon immer.
Ich glaube, damit alle Kinder glücklich sein können, müssen sie gute Mütter haben, die sie küssen, umarmen und ihnen schöne Kleider kaufen.

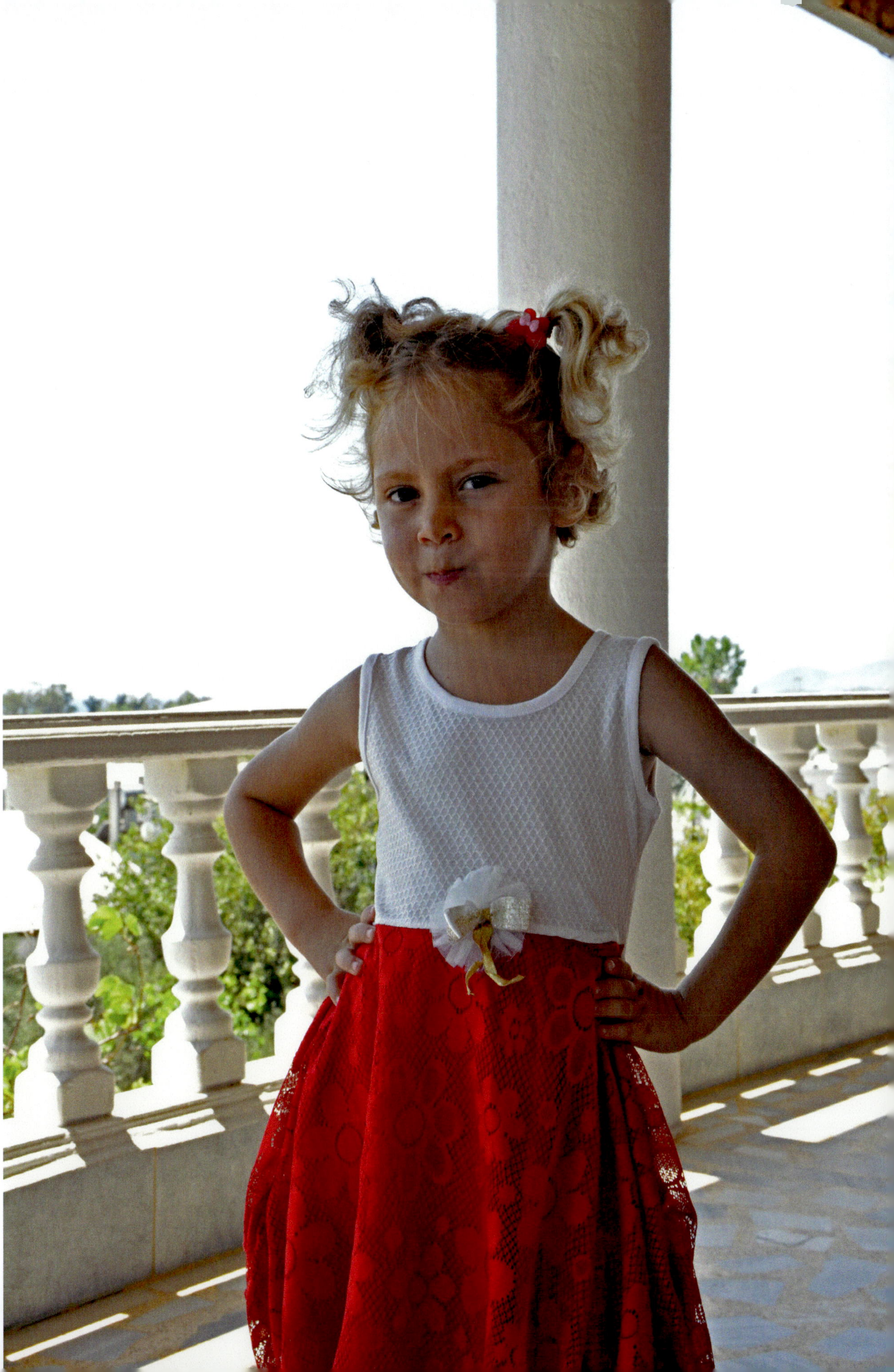

Dima Frolov (13 Jahre)
Russland

Glück, das sind Geschenke zum Geburtstag.
Das ist, wenn meine Eltern mich lieben, küssen und umarmen.
Dass mich andere Leute gernhaben.
Dass mich jeden Morgen Mama anlächelt und zu mir sagt, guten Morgen mein Schatz.
Glück ist Sonntag, wenn alle zusammen zu Hause sind.

123

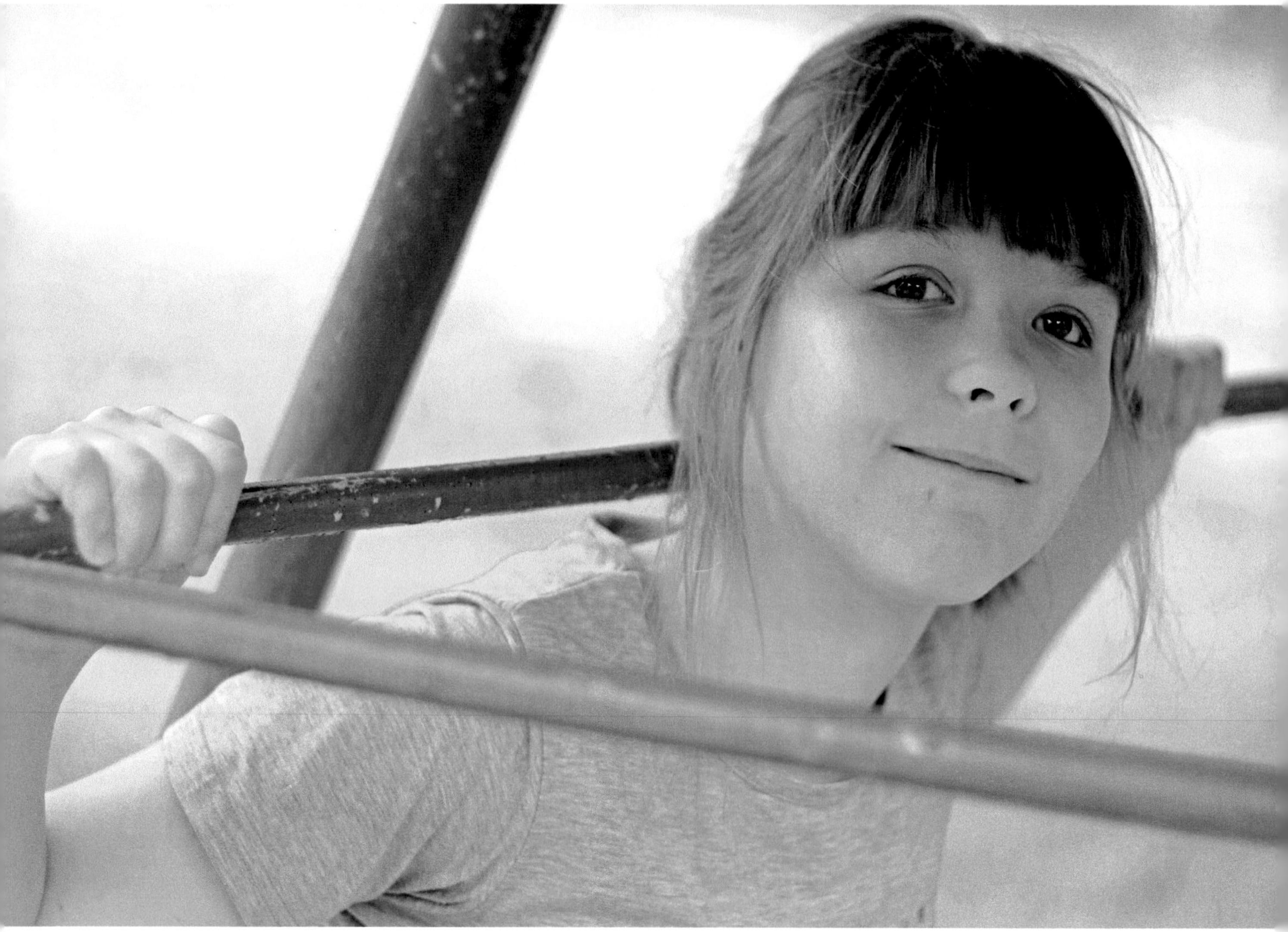

Mascha Tschubarowa (12 Jahre)
Russland

Ich liebe Geburtstage. An einem bin ich geboren und an einem anderen mein Bruder. Ich wünsche mir und träume davon, das ganze 1x1 auswendig zu können. Dann bin ich fast genauso klug wie Daschka. Sonst wünsche ich mir nicht viel. Als Erwachsene möchte ich mir ein Telefon kaufen, einen Mann finden, lernen wie man ein Auto lenkt, einmal eine richtige Prüfung bestehen und für meinen Mann Kinder zur Welt bringen.
... aber jetzt wünsche ich mir, dass Dima auf alle hört.

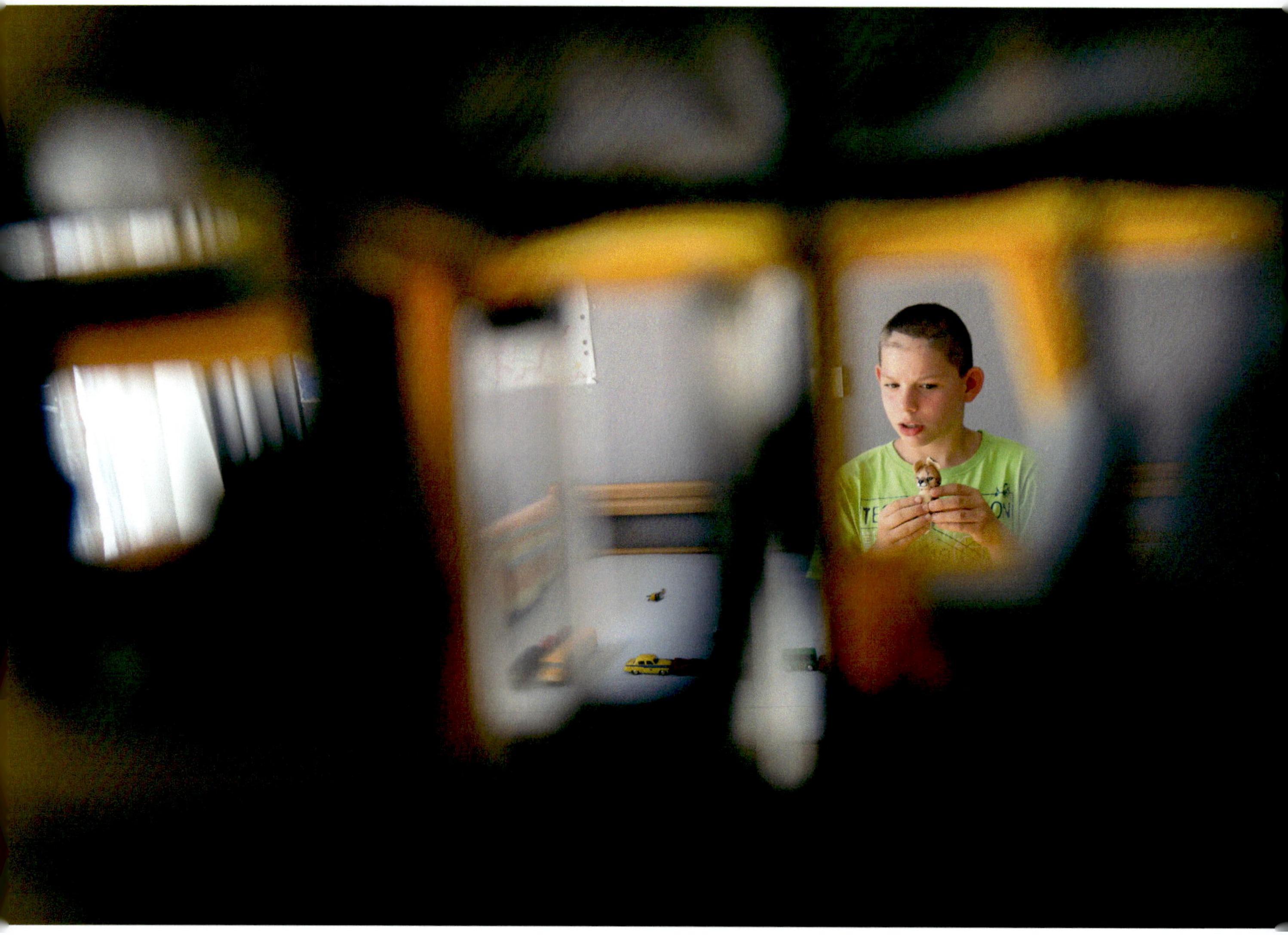

Robin (11 Jahre)
Deutschland

Ich mag es, mit Autos zu spielen. Ich liebe Autos. Kleine Autos, große Autos, Busse. Später will ich einmal Polizist werden, weil ich keine Diebe mag und ich dann Polizeiauto fahren kann. Mama kann mich glücklich machen. Sie ist nett. Sie wohnt in Deutschland. Helikopter anzugucken macht mich auch glücklich, mit Ina basteln und auch Nudeln mit Tomatensoße.
In diesem Moment klopft es an Robins Tür und sein Freund kommt herein. Robin strahlt und sagt, mit ihm zu spielen, macht mich glücklich. Ich weiß heute nichts mehr, was ich erzählen kann und ich will spielen.
Könnt ihr morgen zu mir kommen und mit mir mit den Autos spielen und könnt ihr bitte die Tür zumachen?

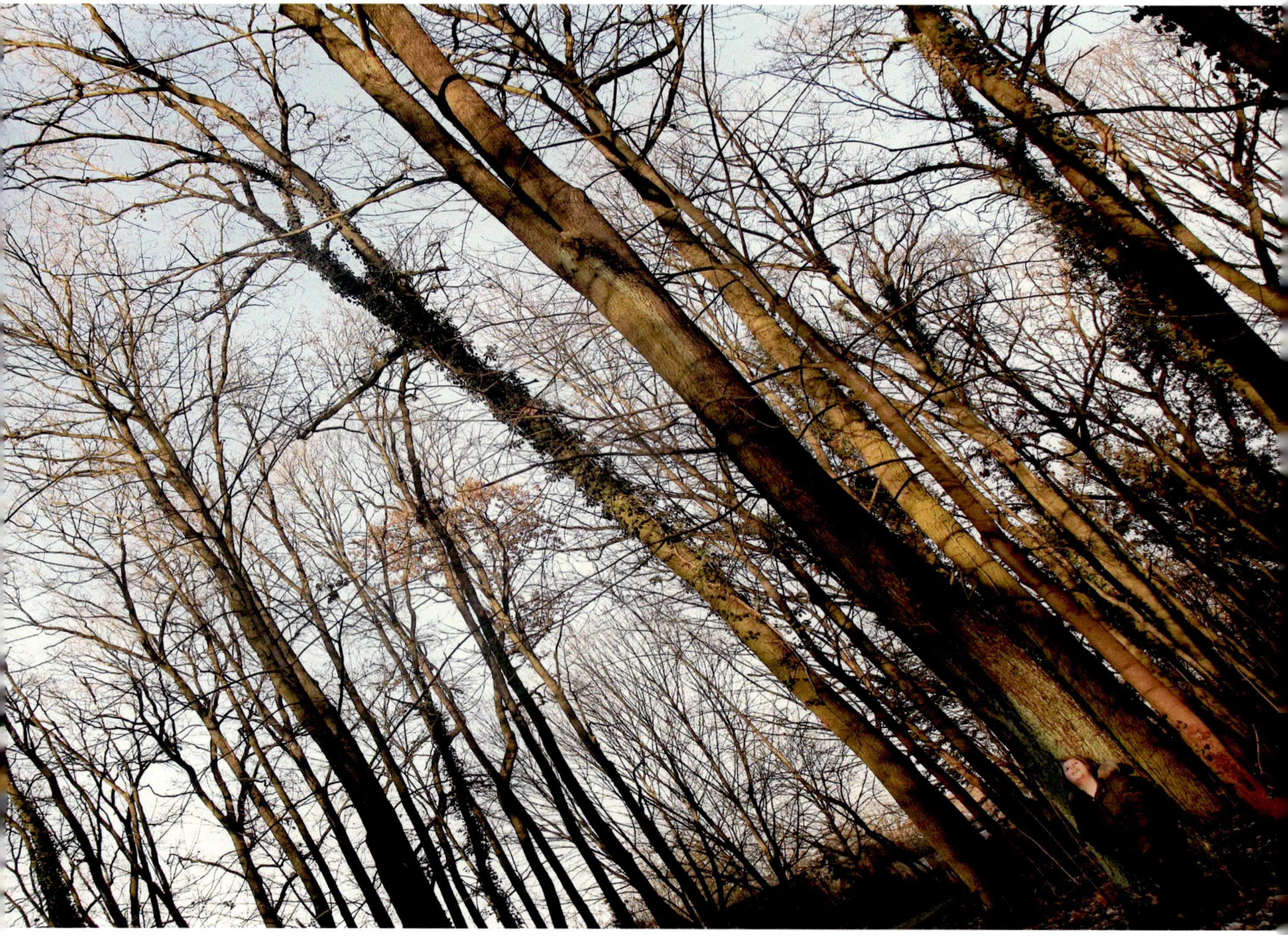

Justin (11 Jahre)
Deutschland

Irgendwann werde ich ein großes Haus haben. Das dauert aber noch etwas.
Jetzt liebe ich es, zu schaukeln und zwar ganz hoch. Meine Familie war eine Zirkusfamilie. Jetzt ist sie aber richtig zerstreut. Meine große Schwester wohnt in einer anderen Gruppe als ich. Ich komme manchmal hierher, um einfach nur zu schaukeln. Ich habe es gern, wenn ich das Gefühl habe, dass Menschen einfach für mich Zeit haben. Nicht einfach nur so zwischendurch, sondern richtig Zeit. Basteln finde ich gut, malen auch.
Das mache ich sehr viel und ich gehe gerne shoppen. Ich liebe Taschen. Vielleicht sollte ich Designer werden, aber ganz genau weiß ich es noch nicht. Ich mag es nicht, mich alleine zu fühlen. Das ist sehr komisch. Ich bin eigentlich nie allein, aber je mehr Leute um mich herum sind, umso mehr fühle ich mich allein. Ich würde meine Schwester gerne öfter besuchen.
Was Glück ist? Zum Beispiel, jetzt hier zu schaukeln, später eine Wohnung zu haben und Familie, jetzt hier im Wald zu sein, später mit dem Ball zu spielen oder zu basteln. Es ist ziemlich viel, was einen glücklich machen kann … zumindest mich.

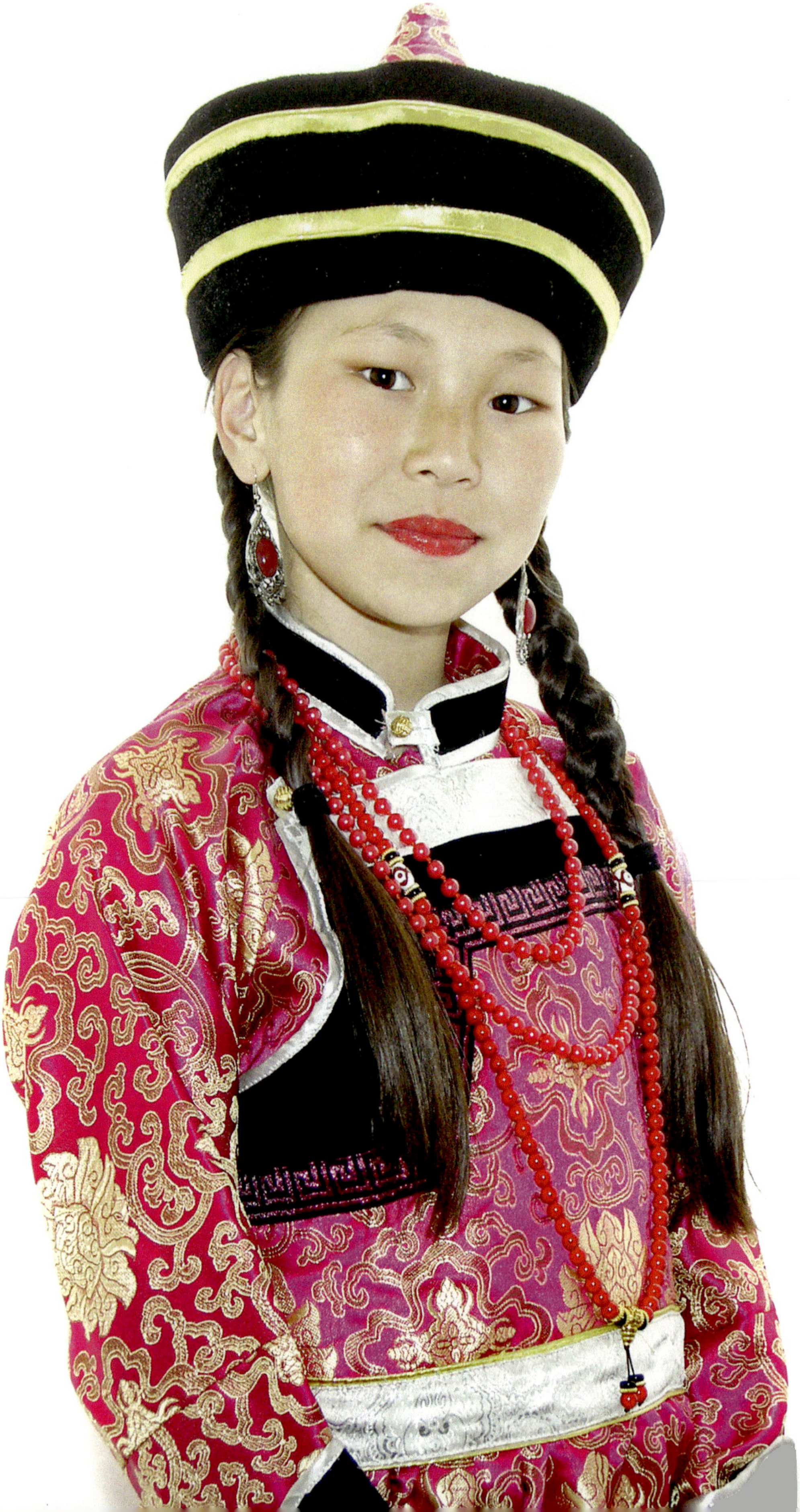

Sojgina Badmajeva (12 Jahre)
Russland, Republik Burjatien

Was ist Glück? Ich lebe im Dorf Arsgun in der Republik Burjatien. Mein Dorf befindet sich an einem der schönsten Plätze, im Bargusinskytal. Es ist umgeben von dichten Wäldern und umrandet von den hohen Bergen des bargusinischen Gebirges. Um das Dorf herum fließt der Fluss Gargar. Den ganzen Sommer lang baden wir in ihm und sammeln Preiselbeeren im Wald. Im Winter fahren wir Ski und jeden Sonntag im Winter versammelt sich die ganze Klasse auf dem See, um Schlittschuh zu laufen. Ich liebe mein Arsgun.
Ich gehe in die 5. Klasse. In der Schule haben wir eine ganz tolle Klassenlehrerin. Jeden Tag verbringe ich meine Zeit mit meinen Klassenkameraden. Wir haben Wettbewerbe, gehen zum Sport oder räumen gemeinsam den Schulhof auf. Was Glück ist? Für mich ist Glück, dass ich eine große Familie habe, die mich immer liebt und der ich immer vertrauen kann, weil sie mich auch immer unterstützt, gerade auch in schwirigen Momenten. Ich habe meine Mama, meinen Papa, meinen Bruder und meine Schwester und wir alle lieben uns sehr. Und außerdem liebe ich noch meinen Kater Tomka. Wenn ich alleine zu Hause bin, spiele ich mit ihm und dann fühle ich mich nicht mehr allein. Er ist sehr hübsch. Er hat ein rotes Fell und schwarze Augen. Über ihn habe ich Gedichte geschrieben, sie bei Lesewettbewerben vorgetragen und mit ihnen den ersten Platz gewonnen. Ich liebe meinen Kater.
Ein wunderschöner Tag war für mich, als meine Schwester Selmeg aus Sankt Petersburg zu Besuch kam und als ich zum Geburtstag ein Tablet bekommen habe. In meiner Kindheit gibt es viele fröhliche und wunderschöne Tage, weil ich meine Familie bei mir habe. Ich wünsche mir, dass alle Kinder auf der Erde so eine glückliche Kindheit haben.

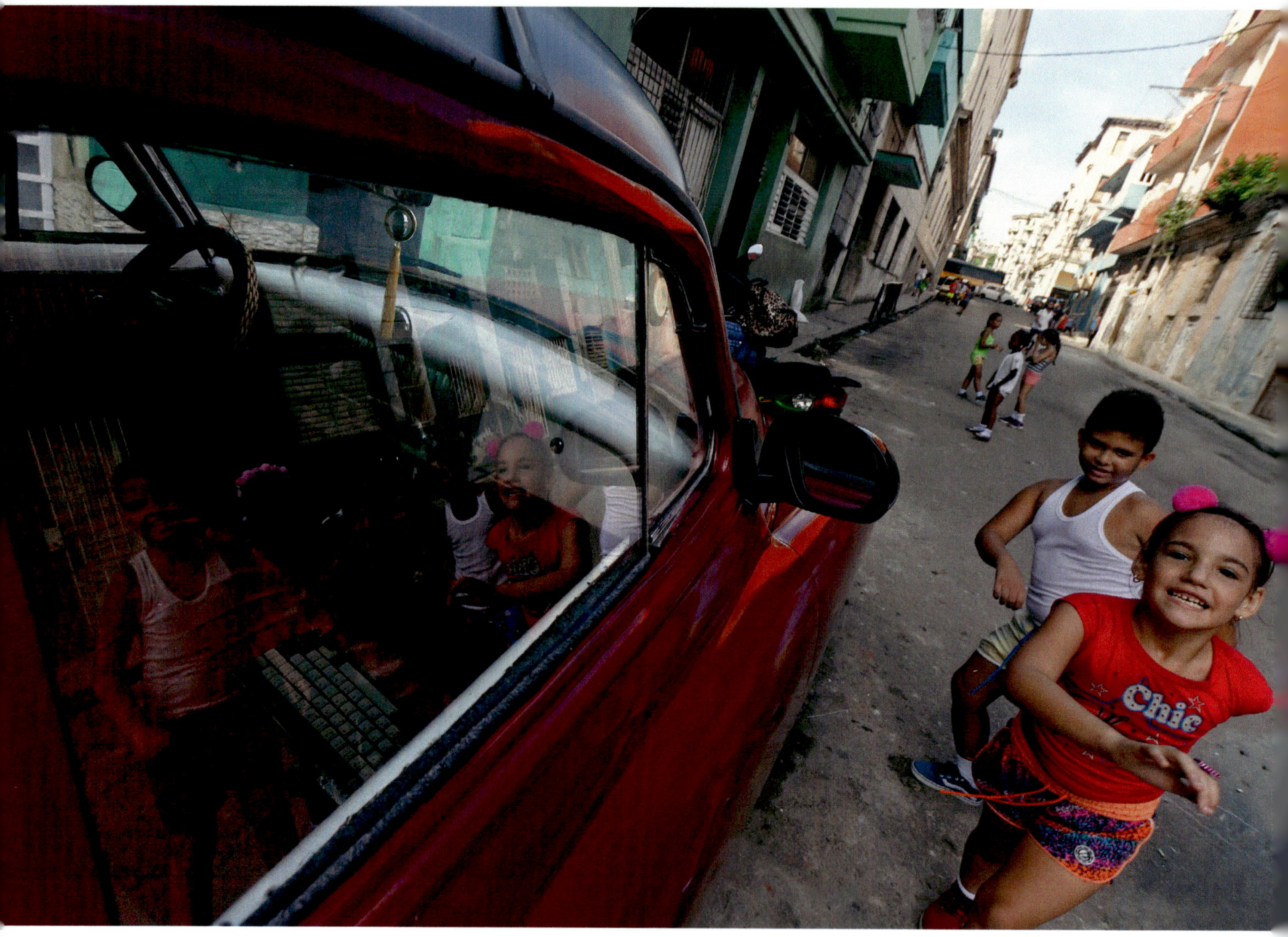
Chic

Lusia und Luis (8 und 7 Jahre)
(verfasst von Sergei Kolesnikov)
Kuba

… Kinder spielen in den engen Gassen. Überall sind grelle Farben und dort lernen wir Lusia und Luis kennen. Als wir mit ihnen sprechen und Fotos aufnehmen wollen, wird es etwas problematisch. Alle anderen Kinder wollen mit auf das Foto und nicht nur sie, sondern auch deren Brüder und Schwestern und ein Großvater, der aus einem der Häuser kommt, ebenfalls. Nur die Eltern von Lusia und Luis konnten nicht mit auf die Fotos. Die Mutter kochte gerade Congries, das sind schwarze Bohnen mit Reis, ein typisch kubanisches Gericht, und der Vater war nicht zu Hause, weil er arbeiten musste.

Luis sagte uns, er braucht, um glücklich zu sein, viele Freunde, mit denen er draußen spielen kann, und irgendwann später ein schnelles Internet. Er war noch nie im Internet, hat aber gehört, dass man dort viele Spiele ausprobieren kann. Sein Vater hatte ihm aber gesagt, wenn er Internet hat, wird er vereinsamen, weil er dann keine richtigen Freunde mehr braucht. Deswegen will Luis lieber zuerst Internet auf Probe bekommen, um zu sehen, ob er wirklich vereinsamt. Denn wenn das wirklich so ist, dann will er es nicht haben, weil er sich nicht vorstellen kann, ohne seine Freunde zu leben.

Was er sich sonst wünscht, ist, dass er ab und zu am Ventilator schlafen kann und nicht immer nur Lusia. Sonst ist er sehr glücklich und der glücklichste Tag in seinem Leben ist der Tag, an dem er geboren wurde, weil das Leben so etwas Wunderbares und Lustiges ist. Lusia erzählte uns auch, dass sie sehr glücklich und sehr dankbar ist, dass sie so ein schönes Leben und so viele Freunde hat.

Eine Sache gibt es aber, die sie sich wirklich ganz doll wünscht, und das sind weiße Turnschuhe von Nike. Sie hat sogar von ihnen geträumt. Schneeweiß sollen sie sein. Ihre Mutter hatte ihr gesagt, dass sie nicht traurig sein soll, wenn sie die nicht bekommt. Etwas traurig wäre sie dann zwar schon, aber so richtig traurig dann doch nicht, weil ihre Mutter ihr auch immer sagt, dass alles nicht so schlimm sein kann, weil sie, wenn sie traurig ist, einfach die Musik anmachen und tanzen kann … und das macht Lusia.

Sie wünscht allen Kindern viele Freunde, Musik und weiße Turnschuhe …

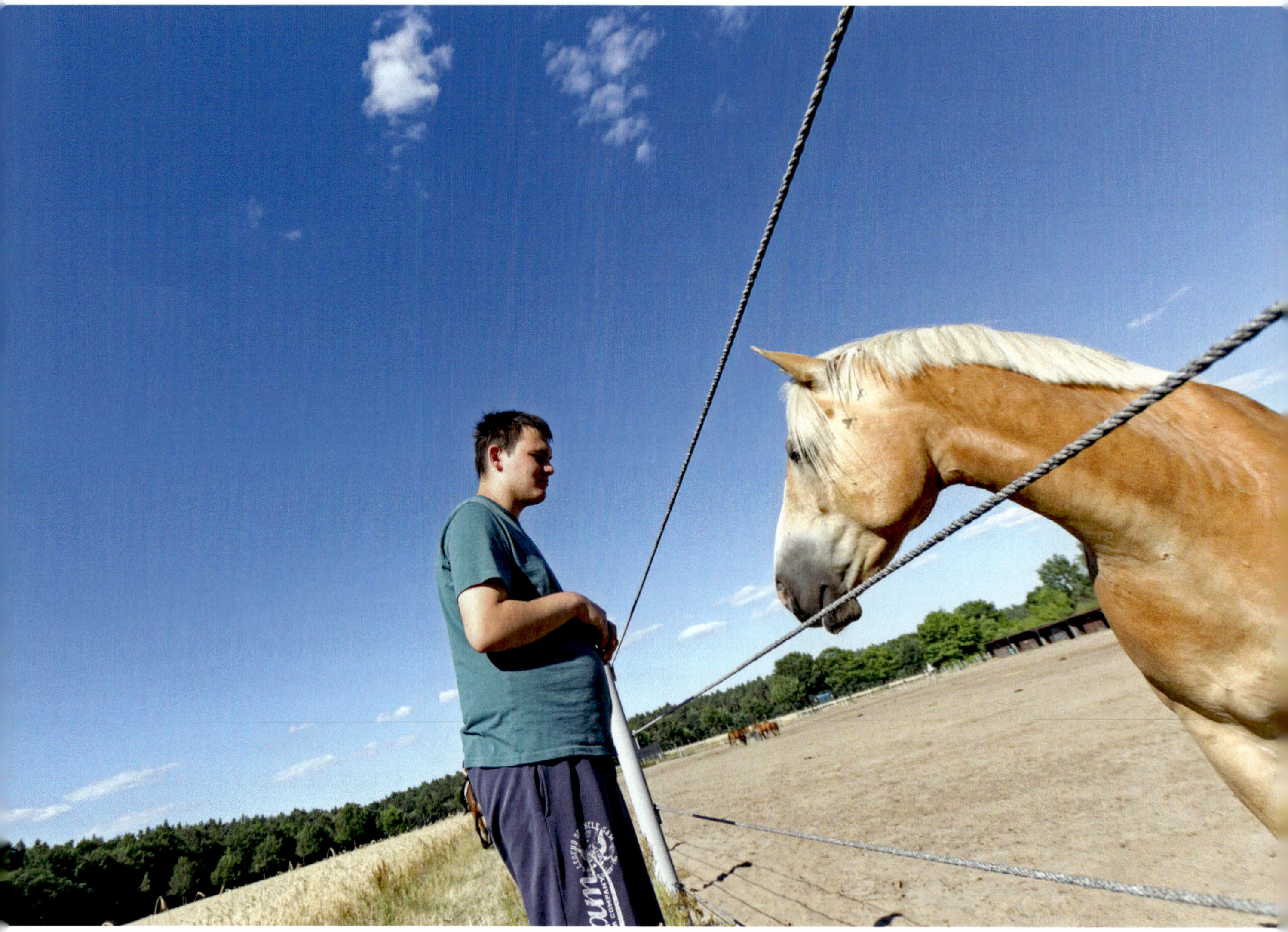

Dominik
Deutschland

Glücklich bin ich, wenn ich Armbänder bastele oder mit Angelina zusammensitze. Manche Betreuer machen mich glücklich, nur weil sie da sind. Tiere mag ich ganz gern, mit denen muss man nicht sprechen. Man muss nichts tun, man kann sie einfach nur anschauen. Ich rede nicht besonders gern. Bei Pferden habe ich das Gefühl, dass sie mich verstehen, wenn ich schweige. Sie sind da, ich bin da. Das reicht, um glücklich zu sein. Einfach da sein.

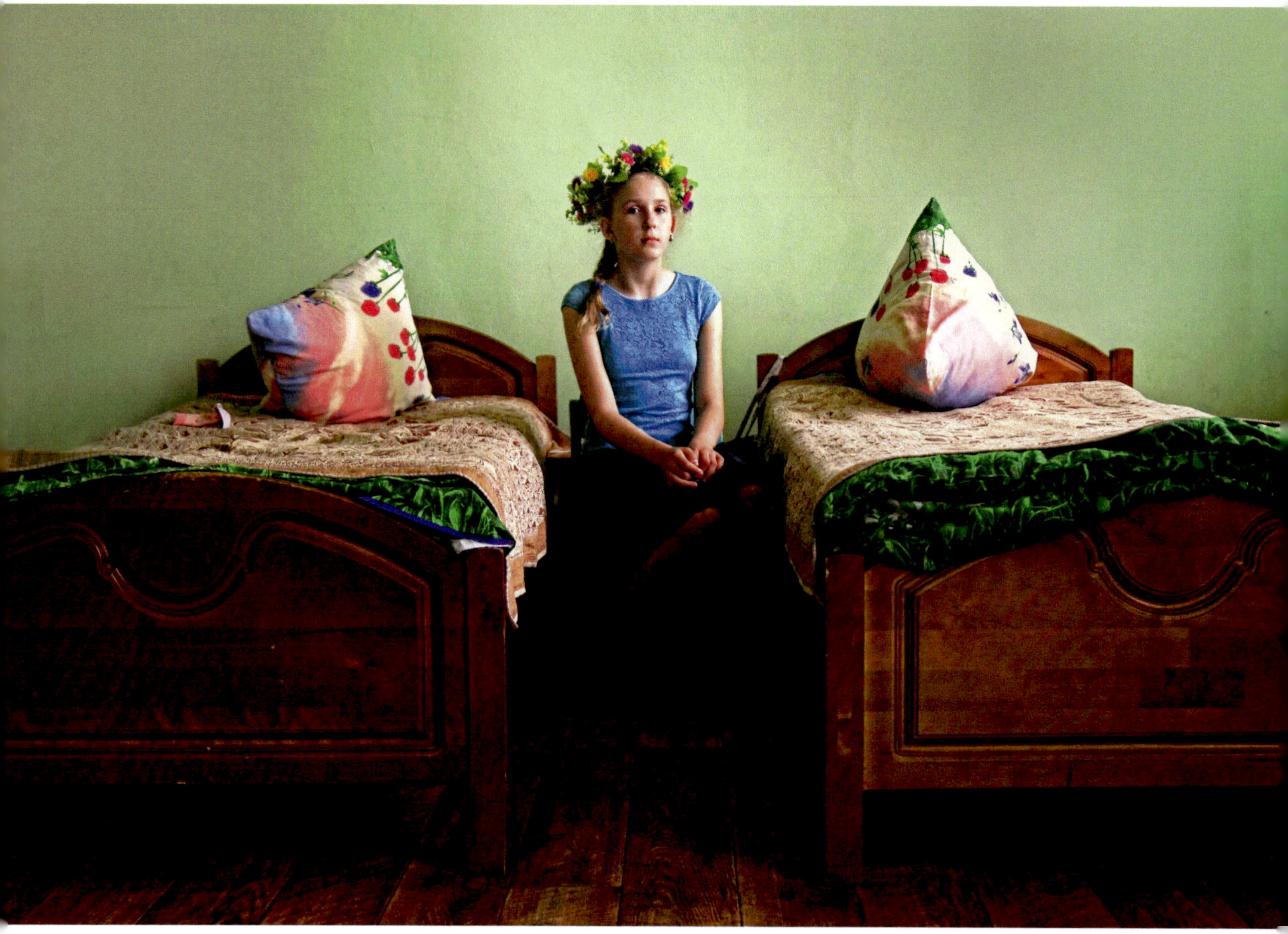

Dina (13 Jahre)
Russland

Mein Wunsch war es immer, einmal das Meer zu sehen. Ich habe noch nie in meinem Leben das Meer gesehen, noch nie. Meine Mama hatte mir versprochen, es mir zu zeigen, aber sie konnte ihr Versprechen nicht einhalten. Sie ist bei einem Autounfall gestorben. Am schlimmsten für mich ist, dass ich ihre Stimme nie hören konnte.
Schon als kleines Mädchen konnte ich nichts hören. Seit dem Unfall lebe ich im Internat. Früher war es ein Internat für stille, schweigende Kinder, jetzt aber nicht mehr. Seitdem die neue Erzieherin da ist, ist es anders. Sie hat uns beigebracht zu tanzen und zu singen. Sie gibt uns das Gefühl für den Takt und lässt ihn uns durch den Bass spüren. Mit Gebärden entsteht dazu eine Choreografie. Das macht mich so glücklich. Ich sehe überall Musik, in Blitzen, in Regentropfen in sich wiegenden Bäumen. Eine komische Gabe für ein nicht hörendes Mädchen. Hier im Internat fühle ich mich wohl. Hier verstehen mich alle. Alle sprechen hier mit Gebärden. Wenn ich rausgehe fühle ich mich dagegen wie eine Außerirdische.
Die Erzieherin sagte, Dina, du läufst wie eine Ballerina! Das stimmt. So fühle ich mich auch. Sie hat in mir nicht das nicht hörende Mädchen gesehen, sondern die Ballerina. Das macht mich glücklich und … natürlich das Meer.
Ich möchte einmal das Meer sehen …

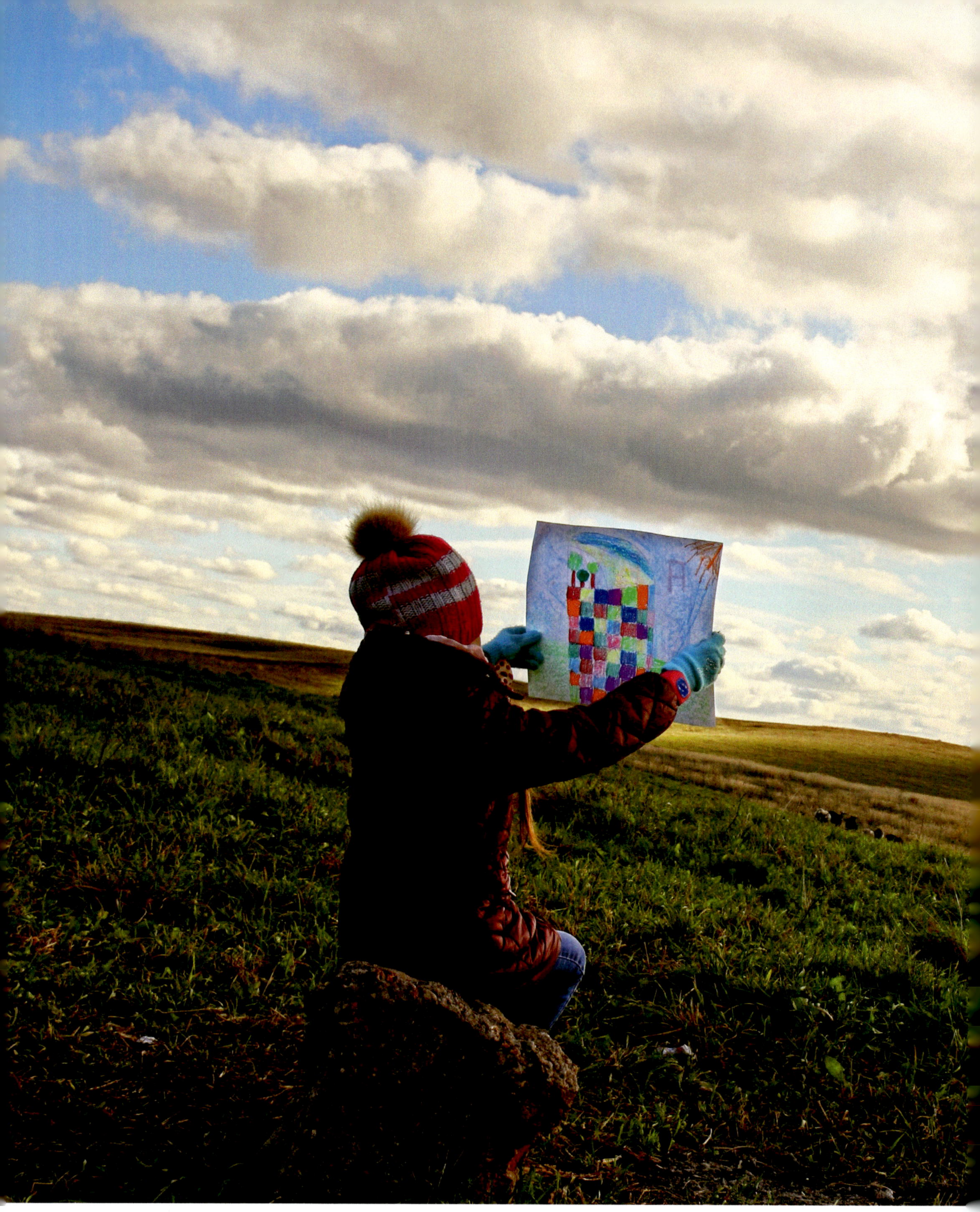

Alexandra Podoprigora (10 Jahre), Russland (Seite 80/81)

Danksagungen

Wir bedanken uns herzlich bei Aktion Mensch und der Heinz und Heide Dürr Stiftung, durch deren finanzielle Unterstützung das Projekt möglich wurde.

Ich bedanke mich sehr bei der Direktorin des Center „Jugnij" Svetlana Kartunina und der Leitung der Gruppe „Regenbogen aus Geräuschen" Natalja Rajevskaja, die uns in der Organisation und unserer Interview- und Fotoarbeit in Russland sehr unterstützt haben. Durch ihr dort entwickeltes unikales Programm können nicht hörende und nicht sprechende Kinder tanzen und singen. Die Kinder aus diesem Center sind Gewinner vieler Preise auf Bezirks- und Länderebene und auch bei internationalen Festivals.

Ich bedanke mich bei Olga Nasarova und Zipilma Batujewa für ihre Unterstützung. Herzlich bedanken möchte ich mich ebenfalls bei unserem Fotografen Sergei Kolesnikov, der uns schon bei vielen anderen Projekten begleitet hat und der seinen Urlaub auf Kuba mit der Suche nach „glücklichen" Kindern verbrachte und seiner Frau, die das ertragen hat. Mittlerweile haben von ihm in London ausgestellte Bilder Preise gewonnen. Mein Dank geht an alle Machereikolleginnen und -kollegen, die sich nach ihrer Arbeit in Fotografen, Journalisten und Visagisten verwandelt haben, Gülcan Dogan, die in ihrem Türkeiurlaub Kinder interviewte, Marc Helber, der ebenfalls in seinem Urlaub, mit seinem Bus durch Frankreich fuhr und auch nach Kindern suchte, an Arnd Elkind-Schauseil für seine Unterstützung und sein Lektorat, an die Jugend- und die Behindertenhilfe, die dieses Projekt ermöglicht haben und einen besonderen Dank an alle Kolleginnen und Kollegen der Jugend- und der Behindertenhilfe, die uns unterstützt haben und an alle Kinder, die uns ihre Geschichte erzählt haben.

Nelli Elkind

Impressum

65 x Glück

Herausgegeben von der
Evangelisches Johannesstift Jugendhilfe gGmbH.

Diese Publikation wurde gefördert von Aktion Mensch
und der Heinz und Heide Dürr Stiftung.

dorise-Verlag 2019
Alle Rechte, auch die des auszugsweisen Nachdrucks, der foto-
mechanischen Wiedergabe und der Übersetzung vorbehalten.

Konzept und Projektleitung: Nelli Elkind

Fotografie: Sergei Kolesnikov
weitere Fotografien von:
Mehmet Sedat Temizkan (Seiten 47, 64, 84, 114, 121)
Emmanuelle Salas (Seiten 40, 58, 78, 90),
Moussa Salifou (Seite 15) und Aies Sehat Kar Langroudi (Seite 25)
Literarisches Lektorat: Nelli Elkind und Arnd Elkind-Schauseil
Bildbearbeitung, Grafik, Layout: Oliver Möst

Übersetzungen:
Englisch-Deutsch: Aron Gundermann
Spanisch-Deutsch: Johana Volkwein
Türkisch-Deutsch: Zehra Dogan
Persisch-Deutsch: Aziz Sehat Kar Langroudi
Französisch-Deutsch: Lisette Helber und Sylvie Mortier
Dendi-Deutsch: Moussa Salifou
Russisch-Deutsch: Nelli Elkind
Gebärdenübersetzung: Natalja Rajevskaja